連鎖販売白書

JN064790

一般社団法人 全国直販流通協会 編

刊行にあたって

　お陰をもちまして、全国直販流通協会は本年2月、設立40周年を迎えました。これもひとえに会員企業の皆様をはじめ、行政機関や業界に関わる方々のご支援・ご協力の賜物と心より感謝申し上げます。

　これまでの歩みの中で、当協会が活動の柱として力を入れてきたのが「ダイレクトセリング教育」です。主に連鎖販売取引や訪問販売の販売員を対象に、累計4万5000人以上の方に法律のレクチャーを受講していただきました。

　今回初めて刊行する「連鎖販売白書」は、このうち約1万人の連鎖販売取引の販売員の実態調査をまとめたものです。主宰企業や販売員の皆様にとりましては、本白書が事業運営やビジネス活動に役立つ資料となることと期待いたします。

　また、行政機関や消費者団体、消費生活センターの皆様におかれましては、本白書を通じて、連鎖販売が継続的に成り立つ業態であることが伝わることを願っております。ときに「実態が分からない」「早い者勝ちの商法」などと誤解される連鎖販売取引ですが、製品を長く愛用しながら、この仕事を生活のライフラインとしている方が大勢います。あくまで当協会で取得したデータではありますが、連鎖販売が一つの市場・産業として社会に根付いていることを示す書籍として、ご高覧いただけますと幸甚です。

　今後とも当協会は、ダイレクトセリング業界の健全な発展のために活動して参ります。最後になりますが、本白書の制作にご協力いただいた皆様に厚く御礼申し上げます。

一般社団法人 全国直販流通協会

理事長　亀岡 一郎

連鎖販売白書　目次

本白書で紹介するデータの詳細

～ 約1万人の販売員の情報を掲載 ～

当協会では「ダイレクトセリング教育」という名称で、連鎖販売取引の販売員や訪問販売の営業担当者などを対象とした法律のレクチャーを会社ごとに実施しています。解説する法律は、おもに特定商取引法や薬機法（医薬品医療機器等法）です。これまでに累計4万5000名以上の方にご受講いただきました。

このうち、連鎖販売取引の販売員を対象とした「ダイレクトセリング教育」では、2010年度以降、受講者にアンケートへご協力をいただいています。アンケートの質問項目は、「1日何時間ビジネス活動を行っているか」「報酬（特定利益）と経費の割合はどのくらいか」など、販売員のビジネスの実態に関する内容です。

2010年度から2019年度までの10年間で、合計9728名の方から回答をいただきました。本白書で紹介するデータは、その回答内容を集計・分析したものです。

年度ごとのアンケート回答数（回答人数）と「ダイレクトセリング教育」の実施社数、実施回数は、下記の通りです。

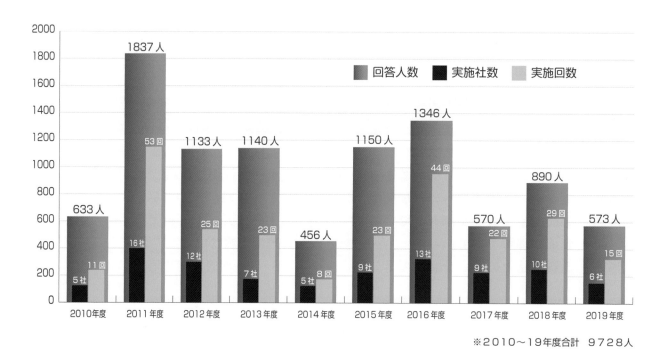

※2010～19年度合計　9728人

① 本白書における「販売員」とは、連鎖販売取引の勧誘者として、当協会の「ダイレクトセリング教育」を受講した人を指す。従って、製品の自己消費のみを目的とした「愛用者会員」や、製品購入やビジネス活動を休止した「休眠会員」は含まない。

② 本白書に掲載しているグラフの数値（％）は小数点以下第2位を四捨五入して表記している。そのため、一部のグラフでは合計しても100％とならない。

③ 本白書では連鎖販売について「ネットワークビジネス」という名称も使用している。

第1章 ▶
業界データ、販売員の属性

最初の章では、日本における連鎖販売取引の業界データや、どのような人がこのビジネスに参加しているのか、販売員の属性を紹介します。

第1節

日本の市場規模 約8000億円の規模

POINT

● 日本国内の連鎖販売取引の企業数は４００～５００社と推定
● 市場全体で健康食品が約５０％、化粧品が約３０％の売り上げシェア
● 健康食品と化粧品など、複数の品目を取り扱う企業も多い

本白書ではまず、日本における連鎖販売取引の市場規模について紹介します。日本国内で連鎖販売取引を主宰する企業（以下、**主宰企業**）の数は、およそ４００～５００社と推定されます。日本で設立された企業だけでなく、米国などに本社を置く外資系企業が日本で事業を行うケースも多くあります。

日本での市場規模は、およそ8000億円（上代ベース）に上ります（**グラフ１－１**）。このうち製品カテゴリー別のシェアを見てみると（**グラフ１－２**）、「栄養補助食品（健康食品・サプリメント）」

が全体の約５０％、次いで「化粧品」が全体の約３０％を占めます。残りの約２０％は「下着」「寝装品・寝具」「美容機器」「健康機器」「水関連商品（浄水器など）」などの商材が占めています。

この売り上げ構成比は、この十数年大きくは変化していません。このことから、ネットワークビジネスは人々の**健康や美容に貢献**してきたといえます。

※出典「月刊ネットワークビジネス 売上高ランキング」グラフ１－２は同誌２０２０年１０月号より

●**グラフ１－１** 年度別の市場規模

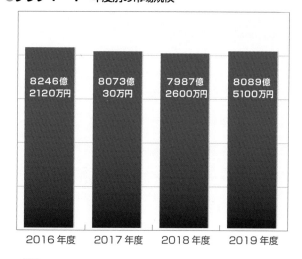

2016年度	2017年度	2018年度	2019年度
8246億2120万円	8073億30万円	7987億2600万円	8089億5100万円

●**グラフ１－２** 製品カテゴリー別の売り上げシェア

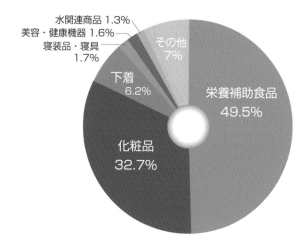

水関連商品 1.3%
美容・健康機器 1.6%
寝装品・寝具 1.7%
その他 7%
下着 6.2%
栄養補助食品 49.5%
化粧品 32.7%

Column ダイレクトセリングの社会的価値 ……健康と美容に貢献

上記の通り、連鎖販売取引で取り扱われる製品は、健康・美容商材が多数を占めています。この業界は長きに渡り、人々の生活の質を高めてきたのです。

とくに「健康」について取り上げれば、日本では2015年4月に機能性表示食品制度がスタートしました。ネットワークビジネス業界にも、機能性表示食品を販売する主宰企業があります。国を挙げて国民の健康を増進するという方向性と、人々の健康に寄与するネットワークビジネスはマッチすると思われます。

会員企業の取り扱い商材「健康食品」「化粧品」が上位

前ページの内容を踏まえ、続いて全国直販流通協会の独自のデータを発表します。

当協会では、加盟する会員企業の会社情報（社名、業態、所在地、連絡先、主力製品やサービスなど）を紹介する「直販協年鑑」を発行しています。そこで、最新版である「直販協年鑑2020」（令和2年7月発行）に掲載した連鎖販売取引の会員企業69社の中から、各社の取り扱い商材をカテゴリー別に集計したのが**グラフ1−3**です。

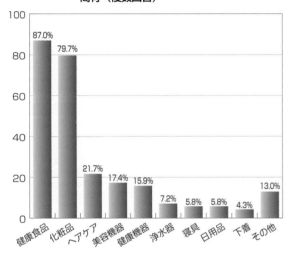

●**グラフ1−3** 連鎖販売取引の会員企業69社の取り扱い商材（複数回答）

健康食品と化粧品のどちらも取り扱う会員企業は48社

会員企業のうち、取り扱いが多かった商材は、1位が「**健康食品**」（87.0％）、2位が「**化粧品**」（79.7％）でした。この並びは「月刊ネットワークビジネス」が調査した製品カテゴリー別の売り上げシェア（グラフ1−2）の結果と重なります。

また、「健康食品」と「化粧品」のどちらも取り扱っている企業は、69社中48社でした。ネットワークビジネス業界では、ワンアイテムで展開する主宰企業だけでなく、ライフスタイルに関わる**複数の品目を取り扱う**企業も多くあります。

ヘアケア製品の取り扱いも目立つ

グラフ1−2と比較すると、グラフ1−3では「ヘアケア」（シャンプーやトリートメント）の製品を取り扱う企業が目立ちます（21.7％）。

ヘアケア製品は比較的低価格のため売り上げ占有率は低く、グラフ1−2には「ヘアケア」はありません。しかしシャンプーやトリートメントは、性別や年齢を問わず日常的に使用することから、主宰企業が投入するケースが多いのだと思われます。

また、グラフ1−3で全体の13.0％を占める「その他」には、「ヘアカラー」「アロマオイル」「肌着」などの回答がありました。

当協会の会員企業では情報商材の取り扱いはなし

なお、グラフ1−3には、投資やギャンブルなどで高収入を得られるといった情報商材は1つもありません。

この理由は、当協会では会員企業の入会審査にあたり、投資や利殖を目的とした商材や役務を取り扱う事業者は、入会を認めていないからです。製品流通の実態があり、消費者による継続的な製品愛用に基づくビジネスモデルの主宰企業に限定して入会いただいています。

第2節

販売員の性別・年齢 ほか

POINT
● 女性の販売員が約8割を占め、50〜60歳代の人が多い
● 高齢者の参加も目立ち、年齢に関わりなく取り組める

販売員の男女比　女性が81・8%

前節では、日本国内で400〜500社の企業が連鎖販売を主宰していると紹介しました。そして主宰企業各社に所属する販売員が、自社の製品の普及や会員組織の拡大に向けて日々活動しています。本節では、どのような人たちがネットワークビジネスの活動をしているのか、販売員の属性に関する調査結果を紹介します。

まずは、**販売員の性別**を見てみましょう。アンケートの結果、全販売員9728人のうち、女性が81・8%、男性が17・7%を占めました（**グラフ1−4**）。

●**グラフ1−4**　販売員の男女比率

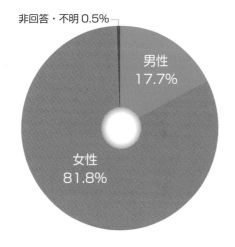

参考までに、年度ごとの男女比をピックアップしてみます。2010年度は女性の比率が87・0%、14年度は同83・6%、19年度は同87・8%でした。つまり、この業界では長年にわたり、多くの**女性の販売員が活躍**しているのです。

家事の合い間に無理なく取り組める

なぜネットワークビジネス業界では、女性の販売員が多く活躍しているのでしょうか。その要因を考察すると、まず専業主婦が家事の合い間に自宅や近隣で、あるいは電話やオンラインで、無理なく紹介活動を行えることが挙げられます。また、美容商材の取り扱いが多いことも要因の1つと考えられます。

さらにネットワークビジネスでは、結婚や出産などで職歴がいったんストップした女性が、年齢の制限なく、それまでのキャリアを生かして活動を行うことも可能です。総じて、女性の活躍推進をめざす国の方向性とも合致しているといえるでしょう。

40〜60歳代の合計は71・3%

次に、**販売員の年齢**に着目してみましょう。**グラフ1−5**は、全販売員の年齢を20〜80歳代の年代別に集計したものです。

●**グラフ1−5**　販売員の年齢
（回答を20〜80歳代までの年代別に集計）

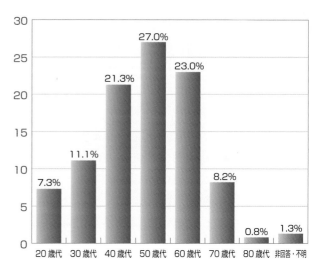

参加者はあらゆる世代にわたっていますが、とくに**50歳代前後の割合が多いのが特徴**です。50歳代と60歳代の割合を合計すると、ちょうど50・0％。ここに40歳代も加えると、合計71・3％となりました。

また、一般的に定年後にあたる70歳代や80歳代以上の参加者も合計9・0％を占めます。**年齢を問わずに参加**できることもネットワークビジネスの魅力の１つです。この業界では、これまでに培った人脈や信頼関係を強みにして、70歳代以上の方も活動を続けています。

開始した年齢は平均45・2歳

では、販売員は何歳のときに初めてネットワークビジネスを開始したのでしょうか。アンケートでは、具体的に「○歳から開始した」という形で回答してもらいました。その結果を年代別にまとめたのが**グラフ１−６**です。

●**グラフ１−６** ネットワークビジネスを開始した年齢
（回答を20〜80歳代までの年代別に集計）

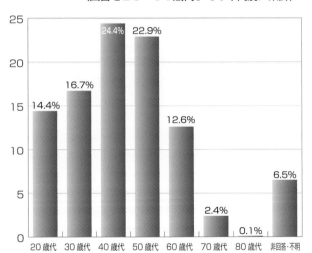

グラフ１−６をみると、40歳代で開始した人が最多の24・4％。続いて50歳代で開始した人が22・9％でした。グラフ１−６とグラフ１−５の結果を重ねて考えてみると、販売員はおおむね40〜50歳代でビジネスに参加し、50〜60歳代の人がおもに活躍していると捉えることができます。

なお、全回答のうち「非回答・不明」を除いた有効回答からビジネスを開始した年齢の平均値を算出したところ、**平均年齢は45・2歳**でした。

最高年齢88歳からビジネススタートした人がいた

また、グラフ１−６において70歳代で新たに開始した人は2・4％でした。80歳代で開始した人はごく少数ながら0・1％いました。このうち最高年齢は88歳でした。文字通り、何歳であっても挑戦できる仕事だといえます。

「高校卒業」が過半数を占める

続いて、販売員の最終学歴についても聞きました。結果は**グラフ１−７**の通り、「高校卒業」が51・6％と過半数を占めました。次に多かった「4年制大学卒」は20・4％となっています。

ネットワークビジネスの魅力は、性別や年齢を問わずに取り組める点だと紹介しました。同じく学歴に関わりなく、誰もが参加できることも魅力だといえます。

●**グラフ１−７** 販売員の最終学歴

血液型は「A型」が最多

　属性に関する調査では、販売員の血液型についても質問しました。

　結果は**グラフ1-8**の通り。割合が多い方から順に、A型（37.4%）、O型（29.4%）、B型（22.4%）、AB型（10.2%）という順番でした。

　なお、日本人の血液型はA型（約40%）、O型（約30%）、B型（約20%）、AB型（約10%）とされ、グラフ1-8の結果とほぼ重なります。

●**グラフ1-8　販売員の血液型**

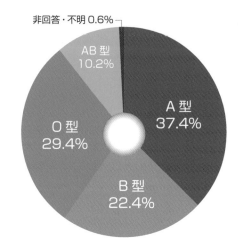

非回答・不明 0.6%

AB型 10.2%
A型 37.4%
O型 29.4%
B型 22.4%

Column

主宰企業のコンプライアンス施策

若年層・高齢者への配慮
入会時の年齢制限を設ける

　ネットワークビジネスは誰もが年齢や職歴などに関わりなく参加できる仕事です。ただし主宰企業は、新規入会者の年齢には大変注意しています。当協会の会員企業では、未成年や学生の入会は一律にお断りしています。また、その旨をあらかじめ概要書面などに記載することで、明確にルール付けをしています。

　加えて、例えば「23歳以上のみ入会可」など、より厳しい年齢規制を自主的に設ける企業もあります。万が一でも若年層の消費者トラブルが発生しないように十分配慮しています。

消費者が入会するにあたり
ご家族の同意を得るケースも

　高齢の方の新規入会に対策する会員企業もあります。例えば、企業によっては「〇歳以上の方が入会を希望する場合は、ご家族の同意の取得をお願いしています」といったルールを設けています。このようなご家族の同意を得るコンプライアンス施策を、若年層の新規入会者に対して行っている企業もあります。

　特定商取引法の省令（施行規則）第31条（平成29年6月30日公布）では、「未成年者その他の者の判断力の不足に乗じ、連鎖販売業に係る連鎖販売取引についての契約を締結させること」や、「連鎖販売取引の相手方の知識、経験及び財産の状況に照らして不適当と認められる勧誘を行うこと」を禁止しています。

　これらの法令のルールに基づき、健全な主宰企業は、ネットワークビジネスへの参加が不適当と判断される消費者に対して、自主的に制限を設けて契約の適正化を図っているのです。

第3節 **居住地域・活動地域**

POINT
- 関東・近畿・東海でビジネス活動をする販売員が多い
- 日本国内だけでなく、海外でグローバルに活動する販売員もいる
- 日本の人口分布と比較すると、東海・中国・九州などに販売員が多い

**居住地域、活動地域ともに
1位.関東　2位.近畿　3位.東海**

　本節では、販売員が住んでいる地域と、実際にビジネス活動をしている地域についての調査結果を紹介します。**グラフ1-9**が居住地域、**グラフ1-10**が活動地域です。

　これら2つのグラフを比較すると、どちらも共通して下記の順位でした。

1位＝関東
2位＝近畿
3位＝東海
4位＝九州
5位＝中国
6位＝北陸・甲信越
7位＝東北
8位＝四国
9位＝北海道
10位＝沖縄

　また、各地域ともグラフ1-9とグラフ1-10の数値の差は0・1～1ポイント以内で、ほぼ違いがありませんでした。つまり、販売員は基本的に、**自身が居住している地域を中心にビジネス活動を**しているようです。

　なお、グラフ1-10において0・4％を占める「その他」の内訳は、「（活動地域が）全国」や「東日本」「西日本」「海外」などでした。特定の地域に限らず、広範囲で活動する販売員がいることが分かります。

　このうち「海外」については、米国・中国・台湾・ベトナム・フィリピンという回答がありました。主宰企業によっては、日本国外でのビジネス実績（新規会員の勧誘など）も報酬に計上される仕組みを設けており、販売員は**グローバルで活動**ができます。

● **グラフ1-9** 販売員の居住地域

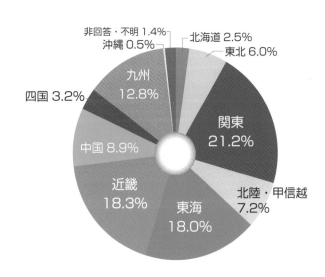

非回答・不明 1.4%
沖縄 0.5%
北海道 2.5%
東北 6.0%
九州 12.8%
四国 3.2%
関東 21.2%
中国 8.9%
北陸・甲信越 7.2%
近畿 18.3%
東海 18.0%

● **グラフ1-10** 販売員のビジネス活動地域

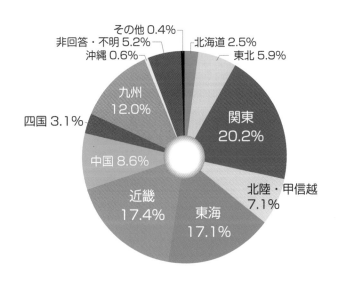

その他 0.4%
非回答・不明 5.2%
沖縄 0.6%
北海道 2.5%
東北 5.9%
九州 12.0%
四国 3.1%
関東 20.2%
中国 8.6%
北陸・甲信越 7.1%
近畿 17.4%
東海 17.1%

人口分布と比較すると
「東海」や「中国」地方での活動が活発

では、販売員の活動地域を日本の人口分布と比較すると、何か特徴があるのでしょうか。ここでは、総務省統計局が公表している都道府県別の人口推計（令和元年10月1日現在人口、令和2年4月14日公表）に基づき、日本の人口分布を地域別に編集しました（**グラフ1−11**）。

●**グラフ1−11**　日本人の人口分布
出典：「人口推計」（総務省統計局）（https://www.e-stat.go.jp/ dbview?sid=0003412316）を編集・加工して作成

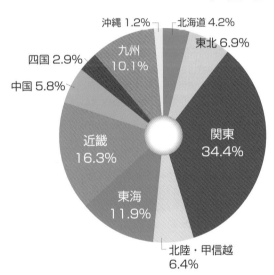

グラフ1−12は、グラフ1−10（販売員のビジネス活動地域）とグラフ1−11（日本人の人口分布）の結果を棒グラフに編集したものです。集計人数に大きく差があるため一概にはいえませんが、グラフ1−12によると、例えば「関東」においては、日本の人口分布の方が14・2ポイント上回っています。

一方、販売員の活動地域が人口分布よりも上回っている地域が6つあります。「北陸・甲信越（＋0・7ポイント）」「東海（＋5・2ポイント）」「近畿（＋1・1ポイント）」「中国（＋2・8ポイント）」「四国（＋0・2ポイント）」「九州（＋1・9ポイント）」——の6つが該当します。

実はネットワークビジネス業界では、かねて「東日本よりも**西日本の方が活動が活発**」とか「西日本の方から先に盛り上がりやすい」といった見方があります。もちろん主宰企業ごとに具体的な実績は異なるでしょうが、業界全体的にはそのような傾向があるといわれてきました。グラフ1−12で示した比較結果は、その裏付けの1つといえるかも知れません。

●**グラフ1−12**　日本の人口分布と販売員の活動地域の比較（グラフ1−10とグラフ1−11の内容を棒グラフに編集）

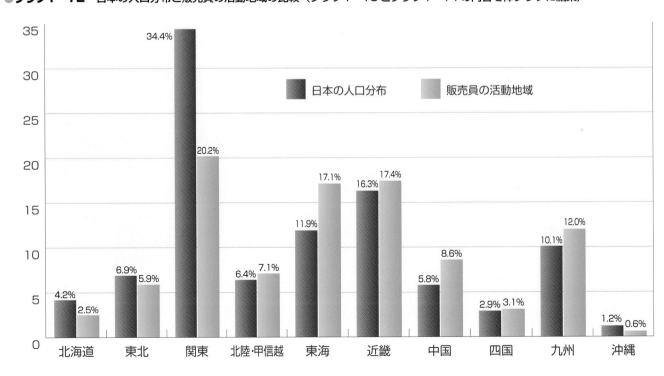

第4節
既婚か未婚か／夫婦で活動

POINT
- 全販売員のうち約7割が既婚と回答
- 既婚と回答した販売員のうち、17・6％が夫婦で活動

夫婦・パートナーで活動するケースも

　ネットワークビジネス業界では、**ご夫婦で協力して活動**しているケースもあります。主宰企業によっては、「夫婦登録」や「パートナー登録」などの名称で、ご夫婦を1組の会員として登録する仕組みもあります。

　本節では、販売員の属性調査の一環として、「既婚か未婚か」を調べた上で、「夫婦でビジネス活動をしているか」についても調査しました。

販売員の約7割が「既婚」

　まず、販売員が「既婚か未婚か」について聞きました。その結果、既婚が71・2％、未婚が27・3％でした（**グラフ1-13**）。

　本章第2節（10ページ）では販売員の8割以上が女性であると紹介しました。そのこととグラフ1-13の結果を重ねると、ネットワークビジネス業界では、既婚の女性が主に活躍しているといえそうです。

●**グラフ1-13**　既婚か未婚かの割合

非回答・不明 1.5%

未婚
27.3%

既婚
71.2%

「夫婦でビジネス活動」は17・6％

　続いて、グラフ1-13で「既婚」と回答した販売員（実数では6922人）の中で、夫婦でネットワークビジネスの活動をしているかを調査しました。その結果が**グラフ1-14**です。

●**グラフ1-14**　夫婦でビジネス活動しているか

非回答・不明 4.9%

夫婦で
活動している
17.6%

自分だけで活動している
77.5%

　既婚者の販売員のうち、「夫婦で活動している」と回答したのは17・6％でした。反対に、自分だけで活動している販売員は77・5％と多数を占めました。

Column　夫婦で活動する良さは？

ご夫婦でネットワークビジネスを行うことには、一体どのような良さがあるのでしょうか。業界誌「月刊ネットワークビジネス」（2017年11月号の特集『夫婦は最強のパートナー！』）の記事から抜粋しました。

ご主人　「（事業説明に際して）私がどんなに話しても伝わらない相手も、妻が声をかけると心を開くことも少なくないです」

奥様　「（ご主人が）足りないところを補ってくれるという安心感があり、1人で活動していた頃よりも精神的に楽になったと感じますね」

未婚の割合が増加傾向

ここで本題と少々離れますが、グラフ1-13の追加調査として、2010～19年度までの年度別の既婚・未婚の割合を算出してみました。その結果が**グラフ1-15**です。

年度ごとに増減の波はありつつも、全体的には既婚の割合が下がり、並行して未婚の割合が上がっています。

参考までに、比較対象として内閣府が発表している「少子化社会対策白書」（令和2年版）のデータ（出典：「令和2年版 少子化社会対策白書」（内閣府）第1部第1章 3「婚姻・出産の状況」より）を引用してみましょう。同白書では50歳時の未婚割合について、「2010年国勢調査では男性20.1％、女性10.6％、2015年は男性23.4％、女性14.1％と、それぞれ上昇している」としています。

単純な比較はできませんが、グラフ1-15の結果は国民全体の未婚化の傾向と重なります。ネットワークビジネスの販売員においても、日本社会全体と同じく、未婚の割合が増加しているようです。

余談ではありますが、ネットワークビジネス業界では、同じ主宰企業に登録する販売員同士が、日々一緒にビジネス活動を行う中で、結婚に至るというケースも聞かれます。

●**グラフ1-15**　年度ごとの販売員の既婚・未婚の割合をまとめた（※「非回答・不明」は集計に計上しているがグラフには非表示）

第2章 ▶
始めたきっかけ、販売員のビジネス経験

続いての章では、販売員が連鎖販売取引を開始したきっか
けや、これまでのネットワークビジネスの経験について明
らかにします。

始めた理由・続ける理由

第1節

POINT
- 始めた理由の１位は「製品が気に入ったから」、２位「収入を得たかったから」
- ビジネスに複数の魅力を感じて、活動を続ける販売員が増えている

ビジネス活動を始めた理由
「製品が気に入った」「収入」が多い

　ネットワークビジネスの情報が自分に伝わってきたとき、販売員はどのようなところに魅力を感じて、ビジネス活動を開始したのでしょうか。アンケートでは次の６項目を挙げて、「ネットワークビジネスを**始めたきっかけは何ですか？**」と質問しました（複数回答可）。

① **製品が気に入ったから**
② **収入を得たかったから**
③ **仲間が増えると思ったから**
④ **生きがいと楽しみのため**
⑤ **人の役に立ちたいから**
⑥ **その他**

　結果は**グラフ２－１**の通り、「製品が気に入ったから」が最多の６９・１％でした。製品の魅力が最初に関心を引くケースが多いようです。2番目は「収入を得たかったから」で５１・３％でした。
　３番目に多かった回答は「人の役に立ちたいから」（３２・１％）でした。ネットワークビジネスの製品や仕組みが人の役に立つと考え、人のためにビジネス活動を開始する販売員が多いようです。続いて４番目の「生きがいと楽しみのため」は２９・５％を占めました。

　また、全体の８・７％を占める「その他」については、次のような回答がありました。

・**会社の方向性や考え方が好きになったから**
・**自己成長のため**
・**自分が変わりたかったから**

●**グラフ２－１** ネットワークビジネスを始めたきっかけ（複数回答）

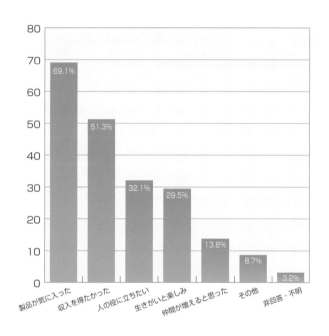

・**死ぬまでできる仕事だと思ったから**
・**社長の考え方が良かったから**
・**自立した老後を希望するため**
・**時間的、経済的自由を得るため　など**

11年度以降、１位「製品が気に入ったから」
２位「収入を得たかったから」が続く

　では、この１０年間でビジネス活動を始めたきっかけに変化はあるのでしょうか。**グラフ２－２**は、年度別の回答をまとめたものです。
　２０１１年度以降はずっと、「製品が気に入ったから」が１位、「収入を得たかったから」が２位を占めています。そして「人の役に立ちたいから」と「生きがいと楽しみのため」が３～４位の間で動いています。また、「仲間が増えると思ったから」についても、緩やかにではありますが上昇しています。

複数項目を回答する人が増えている

ここで注目したいのは、各項目の回答率です。例えば、19年度の方が18年度よりも、すべての項目において数値が増加していることが分かります。実は16年度以降、「ネットワークビジネスを始めたきっかけは何ですか？」という本節の質問に対して、複数回答をする人が増加しているのです。

参考までに、前ページの①〜⑥の質問項目のうち、4項目以上を回答した人と5項目以上を回答した人の割合を算出しました（**グラフ2−3**）。その結果、どちらも18年度と19年度に過去最多を更新しています。

この結果から、近年ネットワークビジネスの誘いを受けた人は、このビジネスに**さまざまな魅力**を感じ、複数の価値があると捉えて参加していることが伺えます。

このことは同時に、販売員はお誘いしたい相手に、ネットワークビジネスの**価値を幅広く提案**しながら、事業説明をしているのだと想定されます。

● **グラフ2−3** ネットワークビジネスを始めたきっかけ 複数回答の割合の推移

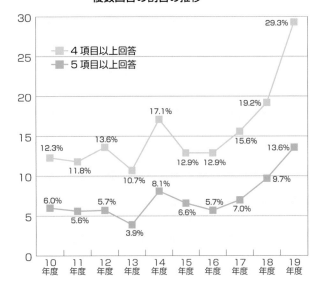

● **グラフ2−2** ネットワークビジネスを始めたきっかけを年度別にまとめた（複数回答、単位：％）

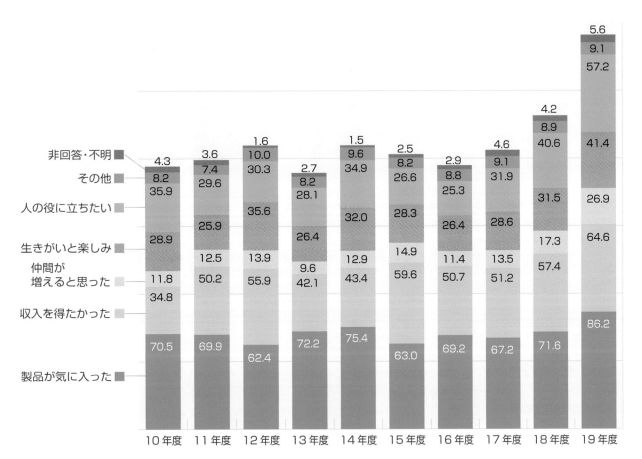

ネットワークビジネスを続ける理由 すべての年度で「収入のため」が最多

　ここまでは、販売員がネットワークビジネスを始めたきっかけ（理由）について紹介しました。続いて、販売員に「ネットワークビジネスを**続ける理由**」も質問しました（複数回答可）。

　アンケートでは、２０１６年度の途中からこの質問を開始しました。そこで、過去４年間の年度別の回答結果をまとめたのが**グラフ２−４**です（実数では１７０６人の回答を集計）。

　すべての年度で最多だったのは「**収入のため**」という回答でした（１９年度は７３・３％）。この結果から、継続的に報酬を得ている販売員が多いことが伺えます。

　続いて、「**製品愛用のため**」と「**自己成長のため**」が並びながら２位か３位を占めています。１７〜１９年度は「自己成長のため」が「製品愛用のため」を上回りました。

「仲間との交流」「感謝される」 「生きがいのため」が増加

　さらに、１６年度と１９年度を比較して、ポイントが増加した項目に着目してみましょう。もっとも増加したのは「自己成長のため」で、１９年度は７１・９％。１６年度より２１・４ポイント増加しました。

　次いで、「仲間との交流」が同１６・５ポイント増、「生きがいのため」が同１４・６ポイント増、「人から感謝されるため」が同１４・６ポイント増となり、それぞれ２ケタ以上の伸びを示しています。

　これらの結果を総合すると、ネットワークビジネスを続ける販売員は収入や製品を重視するとともに、近年は自己成長や仲間との交流、生きがいといった、いわば**精神的な充実**を活動のモチベーションにする人が増えているといえます。

●**グラフ２−４**　ネットワークビジネスを続ける理由（2016〜19年度、複数回答、単位：％）

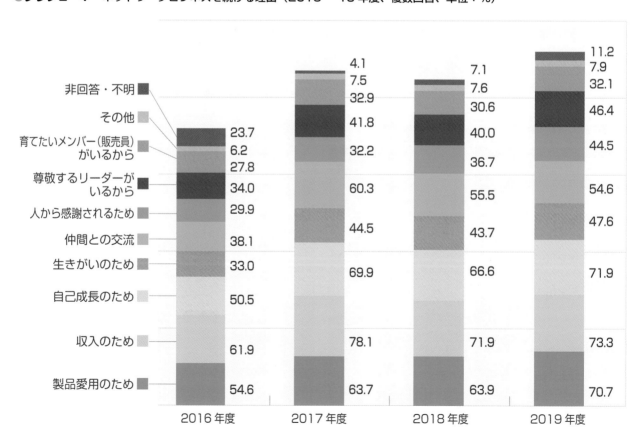

誰からビジネスの情報が伝わったか

POINT
● 友人や知人からネットワークビジネスに誘われた人が6割弱
● 家族や親戚からは11・5％。別の販売員から伝わった人が1割弱

6割弱が友人や知人からのお誘い

ネットワークビジネスは「口コミの仕事」といわれます。販売員は自分に伝わってきたネットワークビジネスの情報を、今度は自分から他の人に伝えていきます。

本節では、いま参加しているビジネスの情報が誰から伝わってきたのかを調査しました。アンケートでは、販売員に次の6つの項目のうちから回答してもらいました。その結果が**グラフ2−5**です。

①友人・知人
②家族・親戚
③会社の同僚
④学校の先輩・後輩
⑤以前のビジネスメンバー（販売員）
⑥その他

もっとも多かった回答は「友人・知人」で、57・8％と過半数を占めました。2位は「家族・親戚」で11・5％でした。やはり友人や家族など、関わりの深い間柄の方から最初にビジネスの誘いを受けるケースが多いようです。

一方、「会社の同僚」（4・0％）、「学校の先輩・後輩」（0・8％）という回答はそれぞれ低いポイントでした。「友人・知人」という回答が多かったことを考えると、プライベートで親密な関係がある相手のほうが、ネットワークビジネスを伝えやすいのだと思われます。

販売員が別の販売員を誘うケースも

また、「以前のビジネスメンバー（販売員）」という回答も9・4％を占めました。業界に関する知識のある人や販売員経験のある人同士でコミュニケーションを取っているのだと思われます。

なお、全体の13・2％を占める「その他」については、次のような回答が目立ちました。

・サロンの経営者、オーナー、お客様
・セミナー、交流会で知り合った人
・美容院、鍼灸院の顧客、先生
・偶然知り合った人
・恋人、恋人だった人　　　　ほか

● **グラフ2−5** 誰からネットワークビジネスの情報が伝わったか

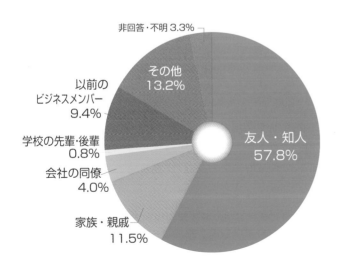

非回答・不明 3.3％
その他 13.2％
以前のビジネスメンバー 9.4％
学校の先輩・後輩 0.8％
会社の同僚 4.0％
友人・知人 57.8％
家族・親戚 11.5％

第3節 最初に誰をリクルート(勧誘)したか

POINT
- 家族や親戚を最初にリクルートした販売員は、全体のおよそ3割
- 最初に友人をリクルートした場合、以後3カ月間の新規獲得がやや多い

家族・親戚、友人に伝えていく

　前節では、どのような関係の人から最初にネットワークビジネスの情報が伝わってきたかを紹介しました。もっとも多かったのは「友人・知人」からで、全体の57・8%を占めました。

　では、主宰企業に会員登録し、今度は自分が情報を伝える立場になった販売員は、最初に誰に対してビジネスを提案することが多いのでしょうか。アンケートでは、「現在の主宰企業で最初にリクルート（勧誘）したのは誰ですか？」と質問しました。

　その結果が**グラフ2－6**です。もっとも多かったのは「家族」で23・9%を占めました。「親戚」という回答も5・3%あり、「家族」と合わせると合計29・2%となりました。販売員のおよそ3割が、まずは親族に対してネットワークビジネスのお誘いをしていることが分かります。

　また、「旧友」は14・1%、「近隣の友人」は13・4%を占めました。こちらも合算すると、最初に友人関係の人に伝えたという回答は、合計27・5%に上ります。

　ここで、前節で紹介した「誰から最初に情報が伝わったか」の結果と重ね合わせてみましょう。ネットワークビジネスの情報はおおむね、友人や知人から自分に伝わり、自分からは最初に家族や親戚、友人に情報を伝えていくという流れが主流といえそうです。

● **グラフ2－6** 最初に誰をリクルートしたか

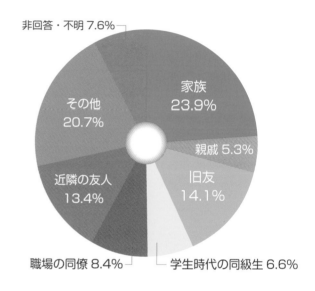

非回答・不明 7.6%
その他 20.7%
家族 23.9%
親戚 5.3%
旧友 14.1%
近隣の友人 13.4%
職場の同僚 8.4%
学生時代の同級生 6.6%

最初に誰に伝えたかによって その後のビジネス実績に差は出るか

　このように、ネットワークビジネスは人から人へと情報が伝わっていきます。では、誰を最初にリクルートしたかによって、その後のビジネス実績に違いは現れるのでしょうか。

　このことを検証するため、全販売員のうち①最初に家族・親戚に伝えた人 ②最初に旧友・近隣の友人に伝えた人 ③最初に家族や友人以外（学生時代の同級生や職場の同僚、その他）に伝えた人──の3組を抽出し、それぞれの「ビジネス開始から3カ月間の新規獲得人数」を算出しました。

※関連記事「ビジネス開始から3カ月間の新規獲得人数」については、第3章第2節（30ページ）で紹介しています。

最初に友人をリクルートした場合
「最初に家族」より新規獲得がやや多い

グラフ２−７は、①〜③の場合それぞれの「ビジネス開始から３カ月間の新規獲得人数」を比較したものです。新規獲得人数４人以上は、「４〜５人」「６〜１０人」「１１〜２０人」「２１人以上」という区分に整理しています。

①〜③とも全体的に際立った違いはありません。しかし「新規獲得人数６〜１０人」の項目において、②（最初に旧友・近隣の友人に伝えた人）が１８・４％となり、①と③よりもやや高いポイントとなっています。

この違いは、「新規獲得人数１１〜２０人」の項目ではより大きくなっています。この項目では、②は１２・７％で、①と③よりもそれぞれ３ポイント以上高くなっています。同様に「新規獲得人数２１人以上」の項目においても、②は１１・８％で、①と③よりもやはり高いポイントでした。

この検証結果から、わずかな差ではありますが、②「最初に旧友・近隣の友人をリクルートした人」の方が、最初に家族や職場の同僚などに声をかけた人よりも、ビジネス開始後３カ月間の新規獲得人数が多いという結果となりました。

もちろんネットワークビジネスでは、最初に誰をリクルートしたかによって、その後の実績が決定づけられる訳ではありません。親類を最初にリクルートして、その後に大きなグループを構築する方もいます。

しかし、これから活動を始める方や、活動を始めたばかりで「最初に誰に声をかけたらよいだろう」と検討している方は、参考にしてみると良いかも知れません。

●**グラフ２−７**　①家族・親戚 ② 旧友・近隣の友人③学生時代の同級生や職場の同僚──の３つのうち、販売員が①〜③のいずれの相手を最初にリクルートするかによって、活動開始後３カ月間の新規獲得人数に差が生じるかを検証した

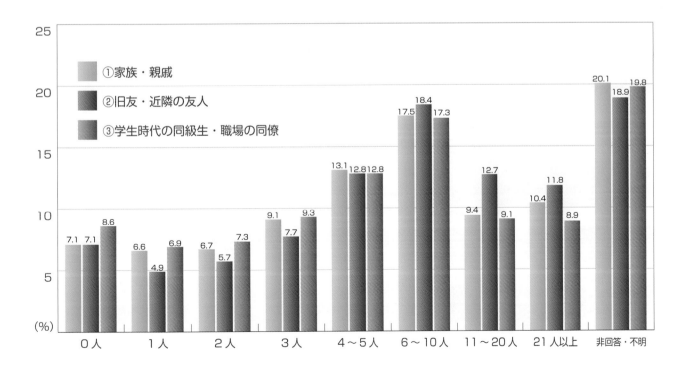

ビジネス期間・掛け持ち・経験社数

第4節

● ビジネス期間１～３年未満の販売員が多いが、５年や１０年以上も目立つ
● １社の主宰企業だけで、長年ビジネスに取り組む販売員が多い

ビジネス期間「１～３年未満」が１６・７％

　販売員は初めてネットワークビジネスに接して以来、どれだけの期間にわたり、この仕事に携わっているのでしょうか。

　アンケートでは、当協会のダイレクトセリング教育を受講した時点でのビジネス期間を「○年○カ月」という形で回答してもらいました。そしてその結果を「１年未満」「１～３年未満」「３～５年未満」「５～１０年未満」「１０～２０年未満」「２０年以上」——という６つに整理したのが**グラフ２−８**です。

　結果は、「１～３年未満」が１６・７％で最多でした。次いで、「５～１０年未満」（１４・９％）、「１０～２０年未満」（１３・４％）、「１年未満」（１３・３％）と続きます。

　全体的に大きな偏りはなく、初心者の方から業界歴１０年を超えるベテランまで、さまざまなビジネ

ス期間の方が参加しています。ビジネス期間「２０年以上」という販売員も全体の５・０％を占め、**長期にわたって取り組める**仕事であることが分かります。

ビジネス期間を問わず法律教育を受講

　続いて、２０１０～１９年度までの各年度の販売員のビジネス期間についても、同じく「１年未満」「１～３年未満」「３～５年未満」「５～１０年未満」「１０～２０年未満」「２０年以上」——という６つの区分に整理しました（**グラフ２−９**）。

　年度ごとの推移を見ると、とくに際立った変化はないようです。しかし近年は、ビジネス期間が「１年未満」「１～３年未満」という比較的短いビジネス期間の販売員が法律教育を受講していることが分かります。

　「１年未満」と「１～３年未満」の回答率を合計すると、１７年度は３３・４ポイント、１８年度は２９・７ポイント、１９年度は２８・８ポイントでした。また、ビジネス期間「３～５年未満」という販売員の回答率も、近年はやや増加傾向にあります。

　このような状況を法律教育に即して考察してみます。販売員は「ビジネス経験が長くなってきたから法律教育を受ける」ということではなく、ビジネス活動を始めたばかりでも、ビジネス経験の長い販売員と同じように**法律知識を身に付け**なければならないという認識が、業界に浸透しているといえるでしょう。

● **グラフ２−８**　販売員のビジネス期間

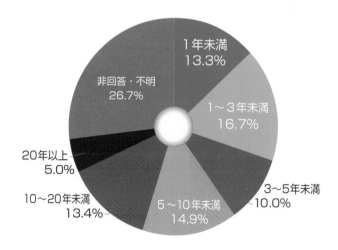

１年未満
13.3%

１～３年未満
16.7%

３～５年未満
10.0%

５～１０年未満
14.9%

１０～２０年未満
13.4%

２０年以上
5.0%

非回答・不明
26.7%

●**グラフ2−9** 2010〜19年度までの各年度における販売員のビジネス期間の内訳（単位：％）

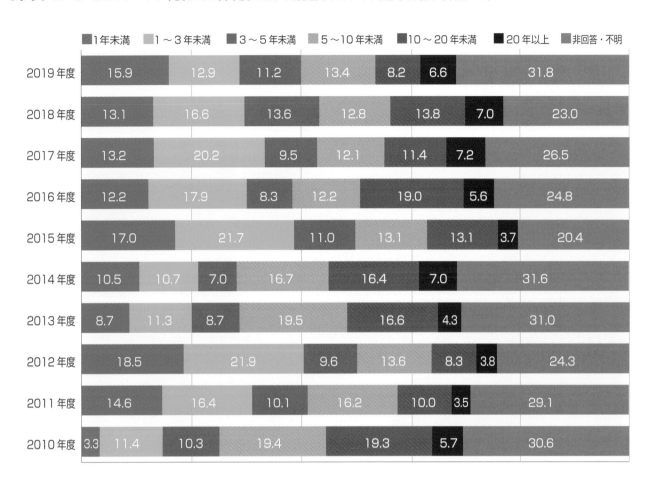

凡例：■1年未満 □1〜3年未満 ■3〜5年未満 ■5〜10年未満 ■10〜20年未満 ■20年以上 ■非回答・不明

年度	1年未満	1〜3年未満	3〜5年未満	5〜10年未満	10〜20年未満	20年以上	非回答・不明
2019年度	15.9	12.9	11.2	13.4	8.2	6.6	31.8
2018年度	13.1	16.6	13.6	12.8	13.8	7.0	23.0
2017年度	13.2	20.2	9.5	12.1	11.4	7.2	26.5
2016年度	12.2	17.9	8.3	12.2	19.0	5.6	24.8
2015年度	17.0	21.7	11.0	13.1	13.1	3.7	20.4
2014年度	10.5	10.7	7.0	16.7	16.4	7.0	31.6
2013年度	8.7	11.3	8.7	19.5	16.6	4.3	31.0
2012年度	18.5	21.9	9.6	13.6	8.3	3.8	24.3
2011年度	14.6	16.4	10.1	16.2	10.0	3.5	29.1
2010年度	3.3	11.4	10.3	19.4	19.3	5.7	30.6

75・4％の販売員が1社のみで活動

販売員の中には、2社以上の主宰企業に登録して活動をしている方もいます。そこでアンケートでは、「ネットワークビジネスを**掛け持ち**していますか？」と聞きました。

結果は**グラフ2−10**の通り、「掛け持ちしていない（＝1社の主宰企業だけで活動している）」という回答が、全体の75・4％を占めました。反対に「掛け持ちしている」という回答は約1割に留まりました。

また、「ビジネスは1社で他社製品は愛用のみ」という回答は9・1％ありました。この回答が意味することは、例えば「身体の健康に関心はあるが、ビジネスを行っている主宰企業では化粧品しか取り扱っていないため、健康食品は他社の主宰企業で購入している」といった状況が考えられます。

主宰企業の中には、「会員登録をしたからといって必ずしもビジネスをしなくても良く、製品購入だけでもＯＫ」という**愛用者向け**の仕組みを設けていることもあります。

● **グラフ2−10** 複数の主宰企業で掛け持ちをしているか

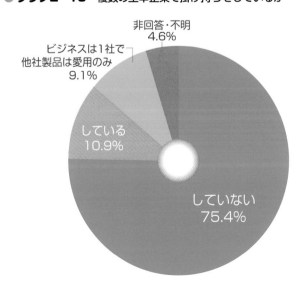

非回答・不明 4.6%
ビジネスは1社で他社製品は愛用のみ 9.1%
している 10.9%
していない 75.4%

4割強の販売員が1社目の会社で活動

　販売員の多くは、ビジネス活動する主宰企業と雇用契約はなく、「個人事業主」にあたります。そのような立場から、初めてネットワークビジネスに携わって以来、複数の主宰企業を経験した上で、現在の企業で活動しているという方もいます。ここでは、販売員が現在活動している主宰企業は何社目かについて調査しました。

　結果は**グラフ2－11**の通り、「1社目」と回答した人が43・8％に上りました。全体の4割強の販売員が、初めて登録した主宰企業で継続的に活動していることが分かります。以下、2社目から5社目まで順に割合が減りますが、「6社目以上」という回答は3・1％ありました。

● **グラフ2－11**　現在活動している主宰企業は何社目か

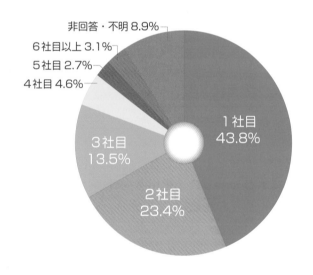

1社目の主宰企業で 5年以上活動する人は23・6％

　さらに追加調査として、グラフ2－11で現在の会社が「1社目」と回答した販売員が、その会社で何年間ネットワークビジネスに携わっているのかも調べました。その結果が**グラフ2－12**です。

● **グラフ2－12**　1社目の主宰企業で活動する販売員の ビジネス期間

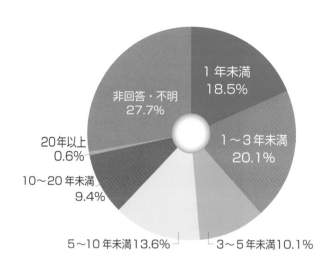

　もっとも多かったのは「1～3年未満」で20・1％。次に「1年未満」が18・5％と続きます。

　注目したいのは、「5～10年未満」という回答が13・6％を占めることです。「3～5年未満」（10・1％）よりも高いポイントであり、**1社目の主宰企業で長年活動**する販売員が多いことが分かります。

　さらに、この「5～10年未満」（13・6％）という回答に、「10～20年未満」（9・4％）と「20年以上」（0・6％）という回答を合算すると、1社目の主宰企業で5年以上活動を続ける販売員の割合は、合計23・6％に上ります。

　これらの販売員は、初めて登録した主宰企業に強い愛着を感じ、長期的に取り組んでいるのだと考えられます。おそらく、その主宰企業の製品やビジネス、経営者の理念や会社のビジョン、そして他の販売員の皆さんと一緒に活動をしていくことなどに、大きな魅力を感じているのだと思われます。

第3章 ▶
ビジネス活動の実績

この章からは、販売員のビジネスの実態をより詳しく見て
いきましょう。第3章では、販売員によるビジネス活動の
実績や成果を調査しました。

直接紹介人数

第1節

POINT

● 販売員の半数以上（56・8％）が7人以上の消費者を直接紹介
● ビジネス期間1年未満でも、7人以上を直接紹介する販売員もいる

販売員によって活動実績は異なる

ネットワークビジネスでは、販売員は自分が所属（会員登録）する主宰企業の製品やビジネスの仕組みを人に伝えていきます。そして当然ながら、情報を伝えた相手の中からどれだけ多くの人が契約まで至るかという実績は、販売員によって異なります。

本章では、販売員のビジネス活動の実績について紹介します。

56・8％の人が直接紹介7人以上

ビジネス開始後、最初に誰をリクルート（勧誘）したかについては、第2章第3節（22ページ）で紹介しました。結果は「家族」または「親戚」を最初にリクルートした人が合計29・2％、「旧友」または「近隣の友人」を最初にリクルートした人が合計27・5％でした。

では、販売員はその後何人ぐらいを**直接紹介**※しているのでしょうか。アンケートでは、「あなたの直接紹介は何人ですか？」と質問し、「1人」から「7人以上」までの計7項目のうち、いずれかで回答してもらいました。

その結果が**グラフ3-1**です。もっとも多かったのは「**7人以上**」で56・8％でした。直接紹介

が「1人」（6・7％）や「2人」（4・6％）といった回答は少数に留まり、半数以上の販売員が7人以上と多くの紹介実績を挙げていました。

● **グラフ3-1** 直接紹介した人数

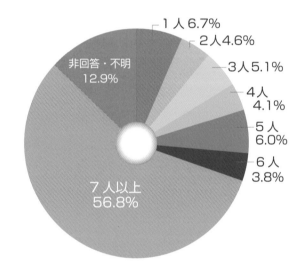

1人 6.7%
2人 4.6%
3人 5.1%
4人 4.1%
5人 6.0%
6人 3.8%
7人以上 56.8%
非回答・不明 12.9%

（※）直接紹介……自分自身が相手に声をかけ、ネットワークビジネスの説明をして会員登録してもらうこと。特定商取引法における「勧誘」にあたる。ほかに「リクルート」「スポンサリング」などともいう。

ビジネス期間3年未満で 7人以上を直接紹介した人は21・7%

グラフ3−1では、7人以上を直接紹介した販売員が、全体の56・8%を占めることを紹介しました。

とはいえ、同じ「7人以上の直接紹介」といっても、ビジネスを開始してまだ2〜3カ月の販売員と、ビジネス期間10年を超えるベテラン販売員とでは、事情が異なるはずです。

そこで追加調査として、グラフ3−1において「7人以上」と回答した販売員（実数では5527人）が、それぞれどのくらいの期間にわたりネットワークビジネス活動を行っているのか、ビジネス期間を調べました。その結果がグラフ3−2です。

●**グラフ3−2** グラフ3−1で直接紹介人数が
「7人以上」と回答した販売員のビジネス期間

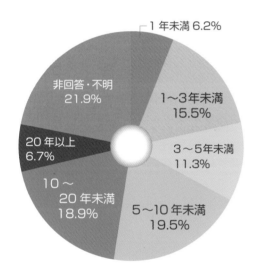

直接紹介が「7人以上」と回答した販売員のうち、もっとも多かったのはビジネス期間「5〜10年未満」の販売員で19・5%でした。次いで、同「10〜20年未満」が18・9%を占めます。全体的には、やはりビジネス期間が長い販売員ほど直接紹介人数も多いといえそうです。

しかし、他の回答項目と比較して、突出して高いポイントという訳ではありません。例えば、ビジネス期間「1〜3年未満」という回答は15・5%、同「3〜5年未満」は11・3%で、どちらも2ケタ以上のポイントを占めています。また、初心者の販売員にあたるビジネス期間「1年未満」

という回答も6・2%ありました。

このことから、ビジネス期間が3年未満や1年未満の販売員であっても、7人以上を直接紹介することは可能であるといえます。参考までに、ビジネス期間「1年未満」と「1〜3年未満」の回答を合算すると、合計21・7%を占めました。

もしもネットワークビジネスを始めたばかりで、「直接紹介の成果を出せずに悩んでいる」という販売員の方がいたら、ビジネス経験が少ないからとあきらめずに、勧誘の仕方を工夫して前向きに取り組んでみてはいかがでしょうか。

※関連記事：直接紹介の実績に直結すると思われる「勧誘活動で多く行っていること」については、第4章第2節（42ページ）で紹介しています。

第3章

ビジネス活動の実績

活動開始から３カ月間の実績

第2節

POINT
- 販売員の約３割は、活動開始から３カ月間で１～５人を新規獲得
- ３カ月間で断られた人数は「０人」が最多。10人以上に断られるケースも
- ビジネス期間の長い販売員は、新規獲得と断られることのどちらも多い

「３カ月間の新規獲得人数」10人が最多

前節では、販売員が直接紹介した人数について紹介しました。本節ではさらに、**会員登録直後の活動状況**を詳しく見ていきましょう。アンケートでは、「現在活動している主宰企業において、活動開始から３カ月間で獲得した新規人数（＝新規に直接紹介した人数）は何人ですか？」と質問しました。

その結果が**グラフ３－３**です。もっとも多かったのは、「３カ月間で獲得した人数が10人」という回答で9・2％でした。

なぜ「10人」が最多かは不明ですが、例えば「開始から３カ月以内で10人に登録してもらう」といった具体的な目標を立てて、計画的に活動した成果かも知れません。１つ前の回答項目にあたる「新規人数９人」が0・5％とごく少ないことからも、「10人」を目標としていた可能性があります。

反対に、「０人」という回答も8・1％を占めました。リクルートが上手くいかない販売員も少なからずいることが分かります。

販売員の約３割が新規獲得１～５人

新規人数「１人」から「５人」までの回答を見ると、「４人」（3・7％）がやや少ないですが、それ以外はほぼ横並びとなりました。新規人数１～５人の項目を合算すると、合計31・9％。販売員の約３割は、活動開始から３カ月間で１～５人の新規獲得に成功していることになります。

なお、「51～100人」や「101人以上」といった上位の回答も少数ながらありました。これらの回答をした販売員は、他の主宰企業から現在の企業にグループごと移行してきた可能性も考えられます。

● **グラフ３－３** 活動開始から３カ月間で新規獲得した人数（「非回答・不明」（22・9％）は非表示）

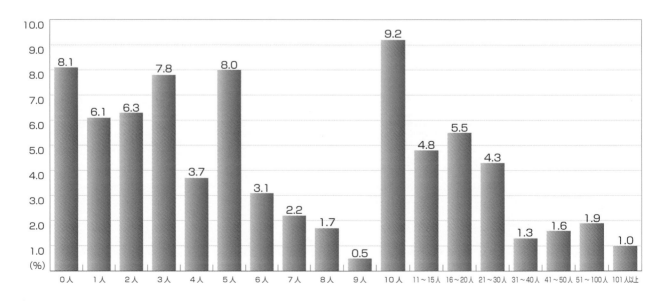

「断られた人数0人」は12・7%

　続いて、グラフ3−3と対になるデータを紹介します。新規獲得した人数ではなく、反対に「活動開始から3カ月間で勧誘を**断られた人数**」についても調査しました。その結果が**グラフ3−4**です。

　最多の回答は「断られた人数0人」で12・7%でした。この回答項目が意味するところは、「複数人に声をかけたところ、その全員が契約締結（会員登録）に至った」という大変順調なケースか、あるいは「活動を始めて3カ月間で1人だけに声をかけ、その1人が契約締結した」といったケースが想定されます。あるいは、「3カ月間でまだ誰にも声を掛けることができていない」という可能性もあります。

5人に断られると活動意欲を失う？

　ここで注目したいのは、断られた人数「5人」（8・4%）の後、同6〜9人の項目で一気にポイントが下がっていることです。これはあくまで推測ですが、「5人に声をかけて断られたために、それ以降はビジネス活動を続ける意欲を失ってしまった」という事態が考えられます。

　言い換えれば、「人は5人に断られると活動を止めてしまう」という傾向があるのかも知れません。そこで主宰企業やトップリーダーは、活動開始後に立て続けにリクルートを断られた販売員がビジネスから離脱してしまわないように、勧誘活動を始めるタイミングとして適切なのかを確認することも含めて、フォローをしてあげることが重要かも知れません。

　一方、「断られた人数10人」という回答は10・6%に上りました。それ以降も11人以上に断られたという回答が続きます。これらの販売員は、活動開始から3カ月間で10人以上にリクルートを断られつつも、粘り強く活動に励んでいるのだと思われます。

第3章　ビジネス活動の実績

● **グラフ3−4**　活動開始から3カ月間で断られた人数（「非回答・不明」（31・7%）は非表示）

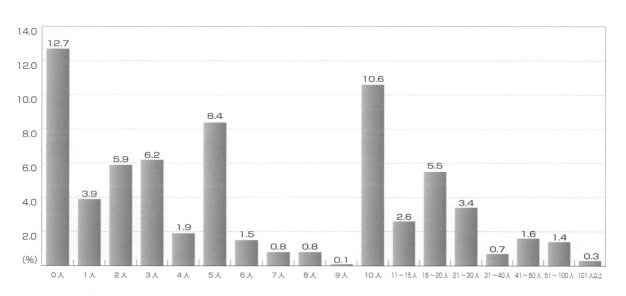

ビジネス経験の長さによって
活動3カ月間での実績に違いはあるか

　ここからは、さらに踏み込んだ分析をしてみましょう。ネットワークビジネスでは基本的に、まずは直接紹介で成果を上げることがグループ作りの第一歩です。このことは、初心者であってもベテラン販売員であっても同じはずです。

　では、ビジネス経験の長さ（以下、ビジネス期間）によって、新規獲得の実績に違いはあるのでしょうか。言い方を変えれば、「ビジネス期間の長さが現在の主宰企業でのリクルート活動にも活きるのか」を検証しました。

　その検証方法として、アンケートに回答した全販売員のビジネス期間を①1年未満 ②1～3年未満 ③3～5年未満 ④5～10年未満⑤10年以上——の5組に区分し、それぞれの「3カ月間の新規獲得人数」と「3カ月間で断られた人数」を算出しました。その結果がグラフ3-5とグラフ3-6です。

● **グラフ3-5**　ビジネス期間別　活動開始3カ月間で獲得した**新規人数**（「非回答・不明」は集計に計上しているがグラフには非表示）

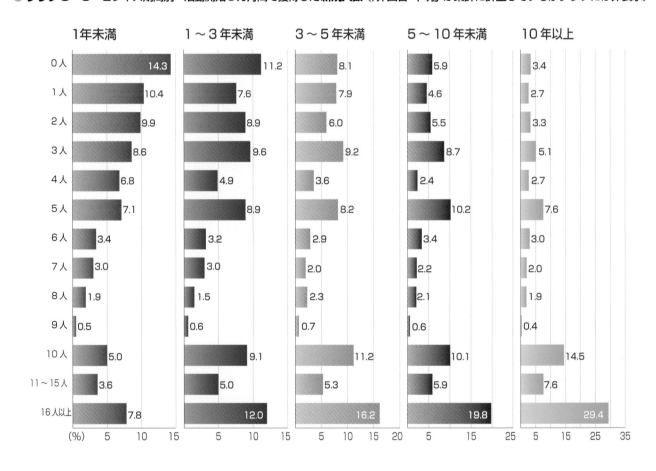

ビジネス期間1年未満の販売員のうち
7人に1人は新規獲得ができない

　まず、グラフ3-5において、ビジネス期間1年未満の販売員が3カ月間で獲得した新規人数を見ると、「0人」が最多の14・3％という結果でした。つまり、ビジネス期間1年未満の販売員のおよそ7人に1人は、3カ月間で1人もリクルートできていないことになります。

　また、ビジネス期間1～3年未満の販売員においては、3カ月間で獲得した新規人数「0人」が11・2％を占めました。

　前掲のグラフ3-3（全体平均）では、「新規人数0人」は8・1％でしたから、ビジネス期間「1年未満」と「1～3年未満」の販売員は、全体平均と比較して、新規獲得に苦戦しているようです。

実績を出せずに悩んでいる販売員の方は、グループのリーダーなどに相談してみると良いかも知れません。

　一方で、ビジネス期間「1年未満」「1〜3年未満」の販売員であっても、3カ月間で大きな実績を上げる方もいます。新規獲得人数「16人以上」の項目では、ビジネス期間1年未満では7・8％、同1〜3年未満では12・0％と、決して少なくはありません。比較的短い経験年数であっても、新規獲得で成果を上げることは可能なのです。

ビジネス期間10年以上の販売員のうち約3割は3カ月間で16人以上を獲得

　次に、グラフ3－5において、新規獲得人数「11〜15人」と「16人以上」の項目に着目してみましょう。これら2つの項目は、ビジネス期間が長い販売員ほどポイントが高くなっています。つまり、ビジネス期間が長くなるほど、3カ月間の新規獲得人数も多くなっているのです。

　とくに、ビジネス期間「10年以上」の販売員においては、新規獲得人数「16人以上」という回答は29・4％を占めました。つまり、ビジネス期間10年以上の販売員の約3割は、新たに活動を始めた主宰企業においても、16人以上の新規会員を獲得していることが分かります。このことからも、ネットワークビジネスは会社を移ったとしても**活動経験が大いに生きる仕事**だといえます。

第3章　ビジネス活動の実績

● **グラフ3－6**　ビジネス期間別　活動開始3カ月間で**断られた人数**（「非回答・不明」は集計に計上しているがグラフには非表示）

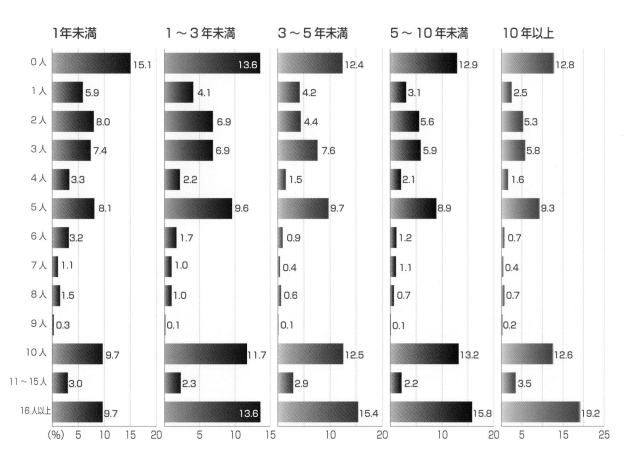

登録後に１人も声かけできない人も？

続いて、３カ月間で断られた人数についても、同じくビジネス期間別に見てみましょう。結果はグラフ３−６（前ページ）です。

まずは、グラフ３−６において「断られた人数０人」の項目に着目してみます。ビジネス期間１年未満の販売員は１５・１％、同１〜３年未満の販売員は１３・６％で、それぞれ最多のポイントでした。グラフ３−４（全体平均）では「断られた人数０人」のポイントは１２・７％でしたから、ビジネス期間１年以内と同１〜３年未満の販売員はどちらも全体平均を上回っています。

断られた人数が０人ということは、先述の通り、リクルートが順調に進んでいるということかも知れません。しかし販売員によっては、「活動開始から３カ月間で誰にも声かけをしていないから、断られた経験もない」という可能性もあります。つまり、会員登録したものの、「活動の仕方が分からない」「友人にネットワークビジネスを伝えることに抵抗がある」などの理由から、**紹介活動に一歩を踏み出せない**人がいることが想定されます。

そこで主宰企業やグループのトップリーダーは、活動未経験や活動経験がまだ短かい初心者の販売員を対象に、まずはビジネスに少しでも着手できるよう手助けをしてあげると喜ばれるかも知れません。

ビジネス経験が長い販売員でも
新規獲得を断られることは少なくない

次に注目したいのは、３カ月間で断られた人数「１６人以上」の項目です。ビジネス期間３〜５年未満で１６人以上に断られた人の割合は１５・４％。同５〜１０年未満では１５・８％、さらに同１０年以上の販売員では１９・２％を占めています。つまり、ビジネス期間が長い販売員であっても、勧誘が上手くいかずに断られるケースは決して少なくないのです。

グラフ３−５において、３カ月間での新規獲得人数「１６人以上」の項目では、ビジネス期間３〜５年未満の販売員は１６・２％、同５〜１０年未満では１９・８％、同１０年以上では２９・４％を占め、順にポイントが高くなっています。これらの結果を総合すると、ビジネス経験が長い販売員は、リクルートが上手くいくことも断られることもどちらも多いことが分かります。

言い換えれば、リクルートの結果がどうなるかは別として、ビジネス期間の長い販売員は、声かけや**勧誘を数多く行っている**のだと考えられます。

誘われた側の相手を十分に思いやって勧誘をするのは当然としても、新規獲得で実績を上げるためには、積極的にリクルートに取り組む姿勢が重要なのでしょう。

グループ（会員組織）の人数

POINT
- ●販売員のおよそ3人に1人が、1～50人規模のグループを構築
- ●ビジネス期間が長い販売員ほど、大きなグループを構築している

報酬を得るには「グループ」の構築が重要

　販売員がネットワークビジネスで報酬を得るためには、「**グループ**※」を大きくすることが重要となります。ここでいう「グループ」とは、販売員による勧誘活動の結果でき上がった「**会員組織**」のことです。

　その主な流れとしては、まず販売員（A）が家族や友人などに製品を提案します。そこで相手（B）が製品に関心を持ち、愛用を始めることが第一です。

　次に、（A）がビジネスも提案し、（B）がその仕組みを理解し納得した場合は、紹介活動に取り組むことになります。そして新規会員である（B）は、今度は自分が販売員（勧誘者）となり、（A）が行ったのと同じように、自分の家族や友人をお誘いしていきます。このような勧誘の連鎖の結果、最初の販売員（A）を起点とするグループ（会員組織）が構築されていくことになります。

　いかに大きなグループを構築し、安定させるかが、"ビジネス成功"のポイントといえます。そこで本節では、「販売員がどのぐらいの規模のグループを構築しているか」などをテーマに調査しました。

約2割が51～300人のグループを構築

　アンケートでは、「あなたの現在のグループ人数は何人ですか」と質問し、「〇人」という具体的な人数で回答してもらいました。そのすべての回答を「0人」から「1万1人以上」までのグループ人数別に区切って整理したものが**グラフ3-7**です。

● **グラフ3-7**　販売員のグループ人数

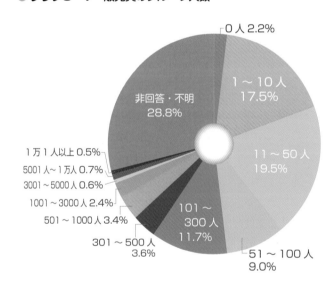

- 0人 2.2%
- 1～10人 17.5%
- 11～50人 19.5%
- 51～100人 9.0%
- 101～300人 11.7%
- 301～500人 3.6%
- 501～1000人 3.4%
- 1001～3000人 2.4%
- 3001～5000人 0.6%
- 5001人～1万人 0.7%
- 1万1人以上 0.5%
- 非回答・不明 28.8%

（※）本白書における「グループ」について
例えば販売員Aと、Aのグループ内に属する販売員Bにそれぞれ「グループ人数は何人か」と質問し、Aが「1,000人」、Bが「500人」と回答したとする。この場合、Bの500人は、Aの1,000人のグループ内に含まれると考えられるから、合算した1,500人はあくまで延べ人数となる。ただし本白書のアンケートでは、各販売員に個別に質問をしている関係上、それぞれの販売員が回答したグループ人数を別個に集計の対象としている。

もっとも多かったのは、「１１〜５０人」のグループで１９・５％を占めました。次点は「１〜１０人」のグループで、１７・５％でした。これらの合計は３７・０％。全販売員のおよそ３人に１人は、１〜５０人のグループを形成していることになります。

また、「５１〜１００人」は９・０％、「１０１〜３００人」は１１・７％でした。こちらも合計すると、計２０・７％。約２割の販売員は５１〜３００人のグループを構築していることになります。

さらに、これらより上位の回答である「３０１〜５００人」以上の項目では、グループ人数が多くなるほど回答率が減少しています。最大の区分である「１万１人以上」という大型グループは、全体の０・５％でした。

ネットワークビジネス経験の長さによってグループの規模に影響はあるか

グラフ３−７では、販売員が様々な規模のグループを構築していることが分かりました。では、販売員のビジネス期間の長さによって、グループの大きさに違いはあるのでしょうか。

このことを検証するため、全販売員（ビジネス期間を「非回答」とした人と「不明」の回答を除く７１２０人が対象）をビジネス期間別に、「１年未満」「１〜３年未満」「３〜５年未満」「５〜１０年未満」「１０年以上」──の５つの組に分け、それぞれの組の販売員のグループ人数を算出しました。その結果が**グラフ３−８**です。

ビジネス期間の長さに比例してグループの規模も大きくなる傾向

全体的に、ビジネス期間「１年未満」から同「１０年以上」にかけて、ビジネス期間が長くなるほどグループが順当に大きくなっていることが分かります。

例えば、ビジネス期間「１年未満」では、グループ人数「１〜１０人」は３５・４％なのに対し、「１０１〜３００人」は１・９％とごくわずかです。反対に、ビジネス期間「１０年以上」の販売員では、

グループ人数「１〜１０人」は６・９％と少数ですが、「１０１〜３００人」については１７・７％を占め、回答率が高まっています。

また、グループ人数「３０１〜５００人」「５０１〜１０００人」「１００１〜３０００人」「３００１〜５０００人」「５００１〜１万人」──の５つの項目については、ビジネス期間が長くなるほど、それぞれの回答率も順に増えています。

つまりネットワークビジネスで大きなグループを作るには**ビジネス活動の長さがポイント**といえます。いわば「継続は力なり」の仕事であるといえるでしょう。

ビジネス期間１０年以上の販売員のおよそ５人に１人が５００人超のグループ

続いて、**５００人を超える大きなグループ**に着目してみましょう。グループ人数「５０１〜１０００人」「１００１〜３０００人」「３００１〜５０００人」「５００１〜１万人」「１万１人以上」──という５つの項目を合算した数値について、ビジネス期間ごとの違いを確かめます。

ビジネス期間「１年未満」では、これら５つの回答項目を合わせても合計０・５％であり、ごく少ない数値です。しかし、同「１〜３年未満」では合計２・２％、同「３〜５年未満」では合計６・１％を占めます。つまり、少しずつではありますが、ビジネス期間が長くなるほど、５０１人以上の大きなグループを構築する販売員が増えてきていることが分かります。

さらに、ビジネス期間「５〜１０年未満」では合計１１・２％、同「１０年以上」では合計２２・０％を占めました。この結果を言い換えれば、ビジネス期間が５〜１０年未満の販売員のおよそ１０人に１人（１１・２％）、またビジネス期間１０年以上の販売員のおよそ５人に１人（２２・０％）は、５０１人以上のグループを構築しているということになります。

ここまでの考察結果を総合すると、やはりビジネス期間が長くなるほど、大きなグループを構築する販売員が増えるといえそうです。

ビジネス期間１０年以上の販売員の ７人に１人が１００１人以上のグループ

　本節の最後に、ビジネス期間「１０年以上」の販売員について詳しく見てみます。ビジネス期間が１０年以上の販売員において、グループ人数「１００１～３０００人」「３００１～５０００人」「５００１～１万人」「１万１人以上」――という４つの項目の合計は１４・１％でした。つまり、ビジ

ネス期間１０年以上の販売員のおよそ７人に１人（１４・１％）は、**１００１人以上の大きなグループを構築している**ことになります。

　販売員の方は、ご自身のビジネス期間とグラフ３－８の内容を照らし合わせ、「現在のグループ人数が妥当であるか」「次の目標として何人のグループ構築をめざすか」など、今後の活動の目安にしてはいかがでしょうか。

● **グラフ３－８**　ビジネス期間別のグループ人数

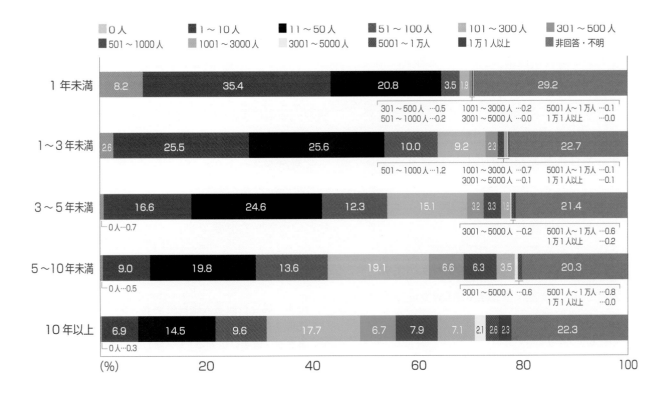

国民生活センターが
「モノなしマルチ商法」に注意喚起

── 投資商品などのマルチ商法　20歳代、20歳未満の若者で相談増 ──

　独立行政法人 国民生活センターは2019年7月、ファンド型投資商品や副業などの「役務」に関するマルチ商法の相談が増加していることから、これらの商法を「モノなしマルチ商法」と呼び、若者がトラブルに遭わないよう注意を呼び掛けました。

　国民生活センターの発表によると、「モノなしマルチ商法」の相談は、とくに20歳代や20歳未満の若者の間で増加しているといいます。具体的な勧誘事例としては、友人やSNSで知り合った人などから、暗号資産（仮想通貨）や海外事業等への投資、アフィリエイトなどの儲け話をされ、「人に紹介すれば報酬を得られる」と勧誘されて契約したものの、契約者は事業者の実態や儲け話の仕組みがよく分からないうえ、事業者に解約や返金を求めても交渉が難しいというケースが多くみられるといいます。

相談内容の過半数が「役務」に関する

　国民生活センターの報道発表資料には、マルチ商法に関する「PIO-NET（全国消費生活情報ネットワークシステム）」の相談情報も掲載しています。2018年度におけるマルチ商法の商品・役務等別の相談件数は、「商品」に関する相談が5036件、「役務」に関する相談が5490件でした（合計1万526件）。つまり「役務」に関する相談

の方が多くなっているのです（2019年6月30日までの登録分）。

　特定商取引法第33条（「定義」）では、「商品」だけでなく「役務」についても定めており、「役務」の取り扱い自体はもちろん適法です。しかし、消費者は不要なトラブルに遭わないためにも、役務・サービスを取り扱う連鎖販売取引に参加するにあたっては、そのサービス内容をしっかりと理解した上で関わることが重要です。また、「サービス内容を理解できない」「実態の分からない儲け話を持ち掛けられた」という場合は、しっかりとお断りするという判断も必要です。

出典：独立行政法人国民生活センター 令和元年7月25日「友だちから誘われても断れますか？若者に広がる『モノなしマルチ商法』に注意！」

第4章 ▶
販売員の働き方

本章では、販売員の活動の仕方について取り上げます。連鎖販売取引で実績を上げるために、販売員は具体的にどのような働き方をしているのでしょうか。

第1節　1日の平均ビジネス活動時間

POINT
- ●「1時間以上〜3時間未満」が26・2%、「1時間未満」が21・8%
- ●ビジネス活動時間の長さと、報酬額やグループ人数は比例し得る

1日「1時間以上〜3時間未満」が最多

　本章では、販売員の具体的なビジネス活動の仕方に迫っていきます。まず本節では、販売員が1日に平均で何時間ビジネス活動を行っているかについて調査しました。

　結果は**グラフ4−1**の通り。1日平均で「1時間以上〜3時間未満」活動するという回答が26・2%で最多でした。2位以下は「1時間未満」（21・8%）、「3時間以上〜6時間未満」（18・4%）と続きます。

　さらに、「6時間以上〜12時間未満」が11・0%、「12時間以上」が1・9%を占めました。これらの販売員は半日あるいは終日活動していることになります。

● **グラフ4−1**　1日の平均ビジネス活動時間

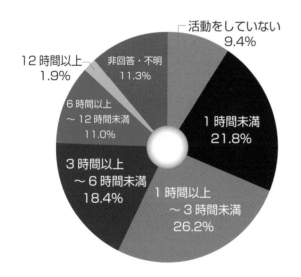

※関連記事「連鎖販売取引での報酬（特定利益）」については、第5章第1節（54ページ）で紹介しています。

報酬40万〜70万円の販売員は「6時間以上〜12時間未満」が多い

　では、ネットワークビジネスに費やす時間と報酬（特定利益）に相関関係はあるのでしょうか。その検証方法として、全販売員を現在の毎月の報酬別に、①5万円未満 ②10万〜20万円未満 ③40万〜70万円未満——という3つの組に分け、それぞれの1日あたりの平均ビジネス活動時間を算出しました。その結果が**グラフ4−2**です。

　まず①「5万円未満」の組を見ると、「1時間未満」が最多の38・8%を占めました。グラフ4−1（全体平均）よりも17・0ポイント高い数値です。一方で、グラフ4−1では「12時間以上」という回答が1・9%ありましたが、グラフ4−2の「5万円未満」の組ではゼロ%、つまり1人もいませんでした。

　次に、②「10万〜20万円未満」の組では、「5万円未満」の組よりも「1時間未満」の回答が大幅に減り、12・5%となりました。反対に「1時間以上〜3時間未満」が30・7%、「3時間以上〜6時間未満」が28・8%を占め、回答率が増加しました。

　③「40万〜70万円未満」の組では、さらに大きな変化がありました。「6時間以上〜12時間未満」が41・3%と多くを占め、グラフ1の全体平均（11・0%）よりも30ポイント以上増えたのです。さらに「12時間以上」という回答も増え、6・4%を占めました。

　これらの比較結果から、「**報酬の多い販売員**ほど、ビジネスに費やす時間も長い」といえそうです。もちろん、どのように活動するかが重要ではありますが、販売員の皆さんは目標とする報酬額とグラフ4−2を照らし合わせて、活動時間の目安にすると良いかも知れません。

● **グラフ4−2** 販売員を毎月の報酬別に3組に分け、各組の1日あたりのビジネス活動時間の内訳を算出した

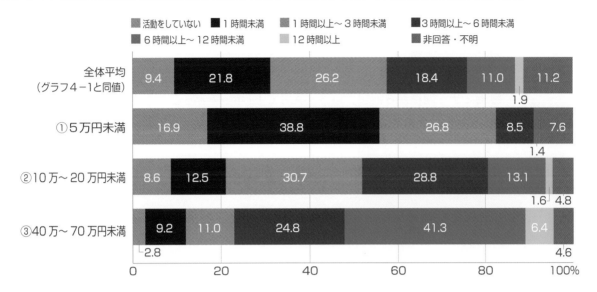

グループ人数101〜500人の販売員
1時間以上〜3時間未満の活動が多い

　続いて、1日の平均ビジネス活動時間とグループ人数との相関関係も調査しました。販売員をグループ人数別に①0〜50人②101〜500人③1001〜2000人——の3組に分け、それぞれの活動時間を算出しました。その結果が**グラフ4−3**です。

　①「0〜50人」については、全体平均とほぼ同じような構成比となりました。しかし②「101〜500人」では、「1時間未満」が減少し（15・8％）、

代わって「1時間以上〜3時間未満」（33・3％）、「3時間以上〜6時間未満」（28・9％）という回答が増加しました。

　③「1001〜2000人」では、さらに活動時間が伸びました。「3時間以上〜6時間未満」が36・0％、「6時間以上〜12時間未満」が27・9％と多くを占めます。「12時間以上」も8・1％を占め、グラフ4−1の回答（1・9％）を上回りました。

　これらの結果を総合すると、**グループの大きい販売員**ほど、ビジネス活動に費やす時間も長いといえます。

● **グラフ4−3** 販売員をグループ人数別に分けた場合の各組のビジネス活動時間の内訳

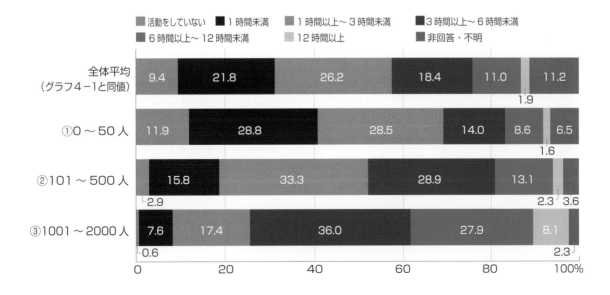

第4章

販売員の働き方

勧誘活動で多く行っていること

第2節

POINT
- ●セミナー開催が6割超。以下「ＡＢＣ」「ホームパーティ」と続く
- ●「ＡＢＣ」を毎月3〜4回実施する人が14・8％。それ以上の回数実施する人も

ビジネス活動の仕方はさまざま

前節では、1日あたりの平均ビジネス活動時間について紹介しました。しかし、ひと口に「ビジネス活動」といっても、活動の仕方はさまざまです。

そこで本節では、販売員が新規会員をリクルート（勧誘）するために、具体的にどのようなことを行っているかを調査しました。

「セミナー」が最多の63・7％

アンケートでは、「リクルート活動において、多く行っていることは何ですか？」と質問し、次の6つの回答項目の中から複数回答してもらいました。

①ＡＢＣ※
②セミナー
③ホームパーティ
④インターネット活用
⑤ＤＭ・チラシ等を送付
⑥その他

その結果が**グラフ4−4**です。もっとも多かったのは「**セミナー**」で63・7％でした。続いて「ＡＢＣ」が24・6％、「ホームパーティ」が24・5％となり、ほぼ同率で並んでいます。以下は「ＤＭ・チラシ等を送付」（6・9％）、「インターネット活用」（5・0％）と続きました。

● **グラフ4−4** リクルート活動で多く行っていること（複数回答）

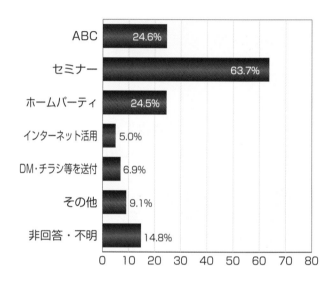

上位を占めるのが「セミナー」「ＡＢＣ」「ホームパーティ」であることから分かるように、やはり「ダイレクトセリング」の名称の通り、**人と人とが直接的に交流**するフェイス トゥ フェイスのコミュニケーションが、リクルートの手法として定着していることが伺えます。

なお、全販売員（9728人）のうち「セミナー」「ＡＢＣ」「ホームパーティ」の3つすべてを実施していると回答した販売員は、全体の5・6％でした。

人と会って交流を深めることが 直接紹介で成果を上げる秘訣か

さらに追加調査として、リクルート活動で行っていることと、直接紹介（詳細は第3章第1節、28

（※）「ＡＢＣ」とは、Ａ＝アドバイザー（製品やビジネスの内容を説明する役の人）、Ｂ＝ブリッジ（仲介をする人）、Ｃ＝カスタマー（見込み顧客）の略で、Ｂが仲介役となってＡとＣをお引き合わせすること

ページ）の成果との間に相関関係があるかについても調査しました。**グラフ4−5**は、全販売員の中から直接紹介人数が「7人以上」と回答した販売員と、「1人」と回答した販売員の2組を抽出し、それぞれのリクルート活動の内容を割り出したものです。

●**グラフ4−5** 直接紹介人数「7人以上」と「1人」の販売員では、行っているリクルート活動に違いはあるかを調べた

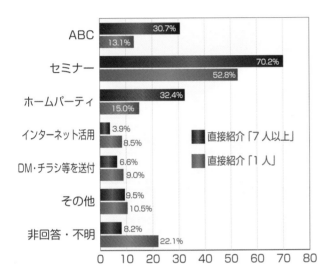

グラフ4−5を見ると、「7人以上」の組と「1人」の組のどちらとも、回答が多い順に「セミナー」「ホームパーティ」「ABC」と続いています。回答全体の構成にはとくに違いが見られません。

しかし、どの回答項目においても「7人以上」の組の方がポイントが高いです。このことはつまり、「7人以上」の組の方が各項目とも回答率が高く、数多くのリクルート活動を行っていることを示しています。

反対に、「非回答・不明」を見ると、「1人」の組が22・1%で、「7人以上」（8・2%）よりも高いポイントとなっています。なぜ非回答かは不明ですが、「非回答・不明」とした販売員の中には、「とくに活動をしていないから非回答」という人もいるかも知れません。

これらの結果を総合すると、直接紹介において成果を上げるには、セミナーやホームパーティなどを積極的に行い、まずは人と会って交流を深めることがやはり重要であるといえるでしょう。

「ウィズコロナ」の時代にインターネット活用は増えるか？

一方で、今後とくに注目したいのは、グラフ4−4において5・0%ともっとも少ない回答だった「インターネット活用」です。

本白書のデータは、2010〜19年度（10年4月〜20年3月）までの10年間の調査をもとにしています。続く2020年度（令和2年度）は言うまでもなく、**新型コロナウイルス感染症**が世界中で猛威を振るった年です。それにより、「『3密』を避ける」「ソーシャルディスタンスを保つ」といった、集会や対面時のマナーが一挙に定着しました。

ネットワークビジネス業界にも、新型コロナウイルスによる大きな影響がありました。販売員は従来からのセミナーやホームパーティなどの手法を控えるとともに、ウェブ上の会議システムなどを利用して**オンライン**でネットワークビジネスを提案するケースが急増しました。

そこで、2020年度以降の調査では、これまで低調だった「インターネット活用」が、「ウィズコロナ」の時代にどれだけ数値を伸ばすか、またこれまで定番だった対面でのリクルート活動に変化はあるか注目されます。

「サンプルの活用」「イベント参加」も

グラフ4−4の結果に戻ると、グラフ4−4では「その他」という回答も9・1%ありました。「その他」と回答した販売員が、具体的にどのようなリクルート活動を行っているのか、下記にその回答の一部を紹介します。

・個別に相手方を訪問
・専業のお客様に声かけ
・セミナーにお連れする
・サンプルを試用してもらう
・お茶会・ランチ会でお話しする
・イベントに参加、イベントの主催　など

第4章 販売員の働き方

７割弱が毎月４回以内のセミナー開催

ここまでの調査により、リクルート活動の手法として「セミナー」を筆頭に、「ＡＢＣ」や「ホームパーティ」が主流であることが分かりました。ここからは、これら３つの活動手法をさらに深堀りしていきましょう。

まず、販売員が毎月どのくらいの頻度でセミナーを開催しているかを調査しました。その結果をまとめたのが**グラフ４－６**です。

●**グラフ４－６**　毎月のセミナー開催回数

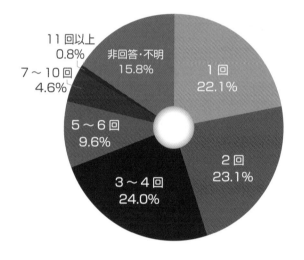

毎月１回は開催するという回答が２２・１％、毎月２回は開催するという回答が２３・１％、毎月３〜４回開催という回答は２４・０％でした。これらを合計すると、全体の７割弱（合計６９・２ポイント）の販売員が、毎月セミナーを４回以内で開催していることが分かります。

また、「１１回以上」という回答は、少数ながら０・８％ありました。このうち、「毎月２５回」という方が２人、「毎月３０回」が２人、「毎月３１回」という方は１人でした。これらの販売員は、ほぼ毎日セミナーを実施していることになります。

「ＡＢＣ」を毎月５〜６回、
７〜１０回実施する人も

次に、「ＡＢＣ」の月間実施回数を見てみましょう。月に何回「ＡＢＣ」を行っているかを調査した結果が**グラフ４－７**です。

●**グラフ４－７**　毎月の「ＡＢＣ」実施回数

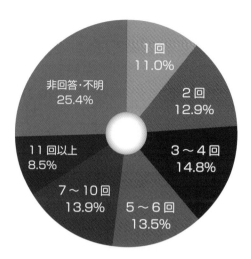

もっとも多かったのは、「月に３〜４回」という回答（１４・８％）でした。ただし、それ以外の回答項目と比較して大きな差はありません。

グラフ４－７（ＡＢＣ）とグラフ４－６（セミナー）とを比較すると、グラフ４－７では「７〜１０回」や「１１回以上」という上位の回答項目も一定のポイントを占めているのが特徴的です。ネットワークビジネスにおいて「ＡＢＣ」は実施しやすいビジネス手法であり、実績に結び付くからこそ毎月何回も行われているのだと思われます。

販売員の約半数が
毎月１〜２回はホームパーティを実施

３つ目に、「ホームパーティ」の月間実施回数も見てみましょう（**グラフ４－８**）。結果は「月に１回」が最多の３０・８％、「月に２回」が２１・０％でした。これらを合算すると、販売員の約半数は、毎月１〜２回はホームパーティを実施していることになります。また、「月に３〜４回」という回答は１７・７％でした。

一方で、それより上位の項目である「５〜６回」（６・７％）や「７〜１０回」（４・４％）では一気にポイントが下がり、「１１回以上」は１・９％とごく少数でした。「７〜１０回」や「１１回以上」という項目の回答が少ないのは、グラフ４－６のセミナー実施回数と類似しています。

● **グラフ4－8** 毎月のホームパーティ実施回数

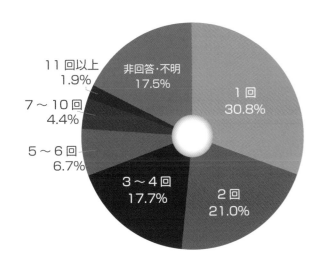

「ABC」は少人数でできるメリット

　セミナーやホームパーティと異なり、ABCはなぜ実施回数が多いのでしょうか。

　「ABC」は42ページで紹介した通り、見込み顧客とアドバイザー役の販売員をお引き合わせすることです。「ABC」を行う場所は、自宅や会議室、事務所、喫茶店など、とくに限定されません。一方でセミナーやホームパーティは、あらかじめ開催場所などを準備する必要があります。

　また、「ABC」はその仕組み上、最小限の人数で行えば3人で完結します。つまり少人数で実施できるのがメリットです。また、仮にB役を務める販売員のビジネス経験が浅かったとしても、フォローを行うA役の販売員がベテランであれば、BはAと一緒に安心して、C（勧誘を受ける消費者）に事業説明を行うことができるでしょう。

　一方でセミナーでは、主催者は1人でも多くの人に参加してもらおうと開催するはずです。実際、数十人や数百人を対象にしたビジネスセミナーも少なくありません。ホームパーティについては、セミナーほど大人数ではなくても、ABCの3人よりは多い人数で実施されることが多いと思われます。

　これらの違いから、「ABC」は実施しやすいビジネス手法であるために、セミナーやホームパーティよりも実施回数が多いのだと考えられます。

セミナー・勉強会への参加頻度

POINT ●毎月1～2回参加するという販売員が、全体の43・5％を占める

毎月1～2回の参加が43・5％で最多

販売員は見込み顧客をお誘いするにあたり、自分が登録する主宰企業の製品やビジネスの仕組みについて、十分理解しておく必要があります。そこで、「1カ月間でセミナーや勉強会にどのくらい参加していますか？」と質問しました。

● **グラフ4−9** 毎月のセミナー・勉強会への参加頻度

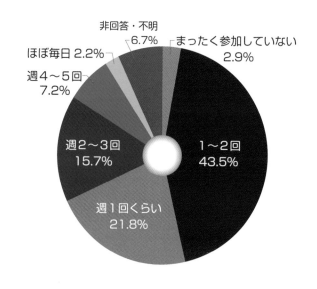

結果は**グラフ4−9**の通り、「1～2回」という回答が43・5％と多数を占めました。一方で、「ほぼ毎日」という精力的な回答も少数ながら2・2％ありました。反対に「まったく参加していない」は2・9％と少なく、セミナーや勉強会に参加することが大事だという認識が浸透しているようです。

ビジネス期間が長いほど参加頻度も微増

では、販売員のビジネス期間によって、セミナーや勉強会への参加頻度に違いはあるのでしょうか。全販売員をビジネス期間別に①1年以内 ②2～3年 ③5～10年──の3組に分けて調査したのが**グラフ4−10**です。

各組とも共通して「1～2回」という回答がそれぞれ最多を占めています。また、②「2～3年」の組は全体平均とほぼ重なります。

一方で、③「5～10年」の組のグラフを見ると、「週1回くらい」から「ほぼ毎日」までの計4項目が、それぞれ全体平均を上回りました。これらの結果から、極端に大きな差はないものの、ビジネス期間が長い販売員ほど、セミナーや勉強会に参加する頻度が高いといえそうです。

● **グラフ4−10** 販売員をビジネス期間別に分けた場合のそれぞれの「セミナー・勉強会への参加頻度」

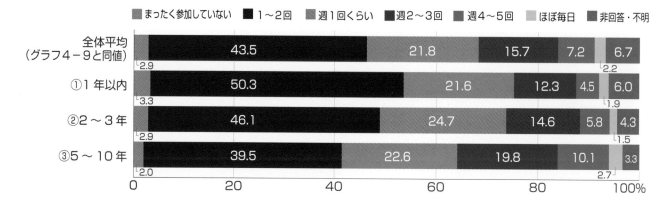

第4節 事務所やサロンを保有しているか

POINT
● およそ4人に1人の販売員が事務所やサロンを保有
● ビジネス経験の長さに比例して、事務所やサロンの保有率も増加する

28・5%の販売員が事務所やサロンを保有している

ネットワークビジネスの販売員は「個人事業主」にあたります。そのため、事業を継続的に行うにあたり、自身の事務所を設けたり、ビジネス説明を行う拠点として「サロン」を構えたりする方もいます。アンケートでは、そのような事務所やサロンを保有しているかを聞きました（**グラフ4-11**）。

全販売員のうち、「事務所やサロンを持っている」と回答したのは、全体の28・5%でした。およそ4人に1人が保有していることになります。「持っている」という回答が多い印象がありますが、これは当協会の「ダイレクトセリング教育」を受講した販売員が、製品愛用だけでなく、ビジネスとして取り組む人が多いからだと考えられます。

● **グラフ4-11** 事務所・サロンの保有率

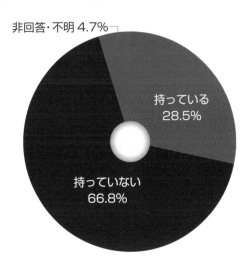

非回答・不明 4.7%
持っている 28.5%
持っていない 66.8%

ビジネス期間3年の販売員では事務所・サロンの保有率は3割

では、ビジネス期間（詳細は第2章第4節、24ページ）によって、事務所やサロンの保有率（以下、保有率）に変化はあるのでしょうか。**グラフ4-12**

● **グラフ4-12** ビジネス期間（1〜20年、21年以上）ごとの事務所やサロンの保有率
（※縦軸が保有率（%）、横軸が販売員のビジネス期間）

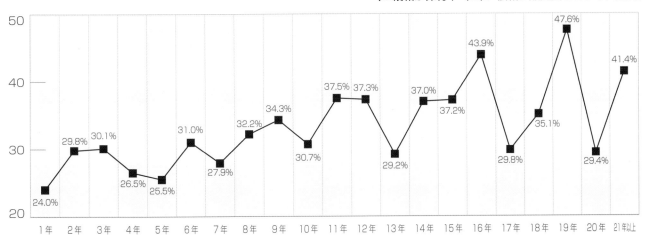

1年 24.0%
2年 29.8%
3年 30.1%
4年 26.5%
5年 25.5%
6年 31.0%
7年 27.9%
8年 32.2%
9年 34.3%
10年 30.7%
11年 37.5%
12年 37.3%
13年 29.2%
14年 37.0%
15年 37.2%
16年 43.9%
17年 29.8%
18年 35.1%
19年 47.6%
20年 29.4%
21年以上 41.4%

第4章 販売員の働き方

は、ビジネス期間１年から２０年まで１年ずつと、ビジネス期間２１年以上の販売員の保有率をそれぞれ表したものです。

ビジネス開始から１年以内の販売員の保有率は、グラフの中でもっとも低い２４・０％でした。それ以降、数値は上下しつつも、全体的にはビジネス期間の長さと比例して、サロンや事務所の**保有率も上昇**していることが分かります。

例えば、ビジネス期間「３年」で初めて保有率が３割に達しています（３０・１％）。さらに、ビジネス期間「９年」では３４・３％となりました。およそ３人に１人が保有していることになります。

ビジネス期間「１６年」の販売員では、保有率は４３・９％となり、初めて４割を超えました。それより長いビジネス期間の販売員でも、４割以上の販売員が保有しているケースが目立ちます。例えば、ビジネス期間「１９年」で保有率４７・６％、同「２１年以上」で４１・４％という結果でした。

サロンでの事業説明は定番の手法

これらの結果から、販売員の実態を推定してみましょう。まず、ビジネス期間１年目から２４・０％の保有率が見られたということは、ネットワークビジネスを開始するにあたって、**法人登記**をして自身の会社（事務所）を設けたのだと考えられます。

また、すでにネットワークビジネスとは別の事業を行っている**事業主**が、既存の事務所やサロンをネットワークビジネスに活用する場合もあります。例えば、ネットワークビジネスでは健康食品や化粧品、下着などの取り扱いが多いことから、美容サロンの経営者がネットワークビジネスの製品を自身のサロンの顧客に販売するといったケースです。

次に、ビジネス期間の長さと並行して保有率も伸びていることからは、やはりビジネスの経験が長くなるほど、ネットワークビジネスに本腰を入れて取り組む人が増えるのだと推定されます。あるいは、それまで副業として関わっていた人が「ネットワークビジネスでの報酬が大きくなったことから、**専業に切り替えて**事務所やサロンを設立した」というケースもあるかも知れません。

また、自分よりもビジネス期間が長かったり、実績を挙げたりしている別の販売員が、サロンを活用して成功した事例に触発されて、自身でもサロンを設けることも想定されます。全体的にはビジネス期間が長い販売員ほど保有率が伸びていることを考えると、「サロン」で事業説明をすることが、ビジネスで実績を上げるための手法として定着しているといえるでしょう。

ネットワークビジネス活動の拠点を設けることを検討している販売員の方は、グラフ４−１２を参考にして、「どのタイミング（ビジネス期間何年目）で自分の事務所やサロンを設けるとよいか」を判断してみても良いかも知れません。

第5節 家族の理解を得ているか

POINT
● 約8割の販売員が、家族の理解を得た上で活動している
● 家族の理解の有無は、紹介活動の成果にも関係し得る

80・9％が家族の理解を得ている

ネットワークビジネスの活動をするにあたり、販売員はセミナーに参加するために外出したり、遠方に暮らす別の販売員に会うために出張をしたりと、家を空けることがあります。販売員によっては、まだ小さいお子さんがいるなど、頻繁に外出することが難しい場合もあるでしょう。その意味で、長期的にビジネスに取り組むためには、**ご家族の理解や協力が欠かせません。**

そこでアンケートでは、「ネットワークビジネスを行うにあたり、ビジネス活動をすることに対して、ご家族の理解を得ていますか？」と聞きました。

結果は**グラフ4－13**の通り、「理解を得ている」が80・9％、「得ていない」が13・4％という結果でした。約8割の販売員が、家族の同意を得た上でビジネス活動に臨んでいることが分かります。

● **グラフ4－13** 家族の理解を得ているか

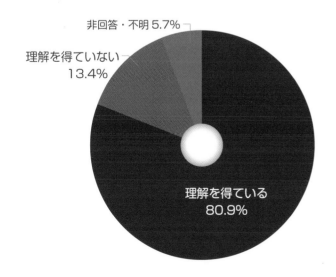

家族の理解を得ている販売員の方が直接紹介人数が多い傾向にある

続いてはグラフ4－13の結果を踏まえ、家族の理解を「得ている／得ていない」の違いによって、ビジネスの実績に影響があるかを調査しました。全販売員を「得ている」と回答した組と「得ていない」と回答した組の2つに分け、各組の販売員の直接紹介人数を算出しました。結果は**グラフ4－14**と**グラフ4－15**です。

● **グラフ4－14** 家族の理解を**得ている**販売員の直接紹介人数

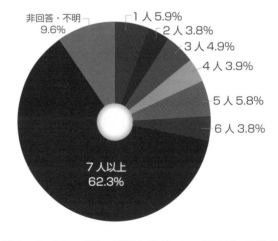

● **グラフ4－15** 家族の理解を**得ていない**販売員の直接紹介人数

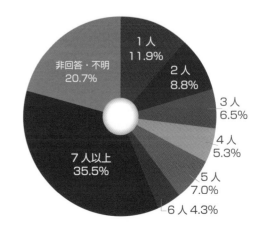

まずグラフ4-14（家族の理解を得ている販売員の直接紹介人数）を見ると、直接紹介人数「7人以上」がもっとも多く、62・3％を占めています。

一方、グラフ4-15（家族の理解を得ていない販売員の直接紹介人数）では、直接紹介人数「7人以上」は35・5％に留まります。グラフ4-14の「7人以上」の数値と比較すると、その差は26・8ポイントにも上ります。

もちろんこの比較結果だけをもって、ご家族の理解がリクルートの成果に直結するとは言い切れません。しかし、一番身近な存在であるご家族に対して、「ネットワークビジネスとは何か」「このビジネスには、どのような魅力や参加する良さがあるのか」「悪質商法とどのように違うのか」などをしっかりと説明して理解を得ることは、見込み顧客への提案にもきっと活きるのでしょう。

また、販売員の中には、まず奥様がビジネスにチャレンジし、その様子を見守っていたご主人も会員登録するというケースもあります。

※関連記事「既婚か未婚か／夫婦で活動」については、第1章第4節（15ページ）で紹介しています

行政 TOPIC

消費者庁が解説
無限連鎖講は「経済活動が伴わず必然的に破綻」

連鎖販売と無限連鎖講との具体的な違いについて、消費者庁が「特定商取引に関する法律の解説（逐条解説、平成28年版）」において、次のように説明しています（改行は引用者が適宜行った）。

　無限連鎖講と連鎖販売業の相違であるが、無限連鎖講は、組織参加者間の「金品配当組織」であり、組織参加者の収入は後順位者の支出によってのみ賄われ、組織外からの収入がないため終局において必然的に破綻する性格のものである。

　これに対して連鎖販売業は、物品の販売等の「事業」であり、組織外への販売等の事業活動による利益が十分に得られるようなものであれば、必ずしも破綻するとは限らない。すなわち、無限連鎖講は、物品・権利の販売や役務の提供という経済活動が伴わない点及び破綻が必然的である点において、連鎖販売業と区別される。

　もっとも、連鎖販売業であるとして物品・権利の販売や役務の提供を標榜している組織であっても、経済活動の実態がなく、単なる金品配当組織として無限連鎖講に該当し得る場合もあり得ることから、両者の区別については、実態に即した判断が必要となる。

出典：消費者庁ウェブサイト
(URL：https://www.caa.go.jp/policies/policy/consumer_transaction/amendment/2016/pdf/amendment_2016_180330_0007.pdf)

第6節 悪質商法との違いを説明できるか

POINT ●「ねずみ講」との違いを説明できると回答した販売員は76・5％

ネットワークビジネスは合法
ねずみ講は違法の犯罪行為

ネットワークビジネス（連鎖販売取引）は、**特定商取引法**において勧誘時のルールなどが定められている合法のビジネス形態です。一方、「**ねずみ講（無限連鎖講）**」は、「無限連鎖講の防止に関する法律」において、開設や運営はもちろん、勧誘や加入も禁止されています。要するに、「ねずみ講」は法律に違反する犯罪行為です。

しかし残念ながら、ネットワークビジネスとねずみ講はいまだに混同されることが少なくありません。また、特定利益による誘引というネットワークビジネスの仕組みを悪用した「悪質商法」（以下、悪質マルチ商法）が、消費者被害を発生させることもあります。

そこで本節では、健全なネットワークビジネスと、ねずみ講や悪質マルチ商法との違いについて、販売員がしっかりと説明できるかについて調査しました。

「ねずみ講との違い」76・5%が説明できる

まず、ねずみ講との違いを説明できるかについては、全体の76・5％の販売員が「説明できる」と回答しました（**グラフ4−16**）。

次に、悪質マルチ商法との違いについては、「説明できる」と回答した販売員は65・8％でした（**グラフ4−17**）。

どちらもネットワークビジネスとの違いを説明できる販売員が過半数を超えてはいます。しかし100％ではありません。ビジネス活動を行う上で、誰もが悪質商法との違いを明確に説明できるように徹底することが、業界を挙げての課題とい

えそうです。

主宰企業は積極的にコンプライアンスセミナーを実施するなどして、法知識の周知に取り組んでいます。当協会でも「ダイレクトセリング教育」という販売員を対象とした法律教育を継続的に行っています。

● **グラフ4−16** ねずみ講との違いを説明できるか

非回答・不明7.8%
説明できない 15.7%
説明できる 76.5%

● **グラフ4−17** 悪質マルチ商法との違いを説明できるか

非回答・不明8.9%
説明できない 25.2%
説明できる 65.8%

第4章

販売員の働き方

Column

ネットワークビジネスは
「愛用者」がいる点でねずみ講と異なる

　50ページの「行政TOPIC」の通り、ネットワークビジネス（連鎖販売取引）とねずみ講（無限連鎖講）は、法規制の面でまったく異なるものです。ここでは、より具体的な実態面に即した両者の違いを考察してみましょう。

　特定商取引法の逐条解説（前掲）では、「連鎖販売業であるとして物品・権利の販売や役務の提供を標榜している組織であっても、経済活動の実態がなく、単なる金品配当組織として無限連鎖講に該当し得る場合もあり得る」と説明されていました。つまり、仮に販売商品が存在する連鎖販売取引であっても、実態的には金銭配当に重きが置かれるマネーゲームであれば、ねずみ講にあたり得ます。例えば、「製品＋入会金30万円」という仕組みで、製品情報よりも参加した場合の利益

ばかりを強調するネットワークビジネスがあったとすれば、ねずみ講に該当するでしょう。

　そこで法規制の違いと合わせてチェックしたいのが「愛用者」の有無です。ネットワークビジネスでは、主宰企業は消費者が使用し続けるに値する品質の製品を用意しています。そして会員は自分自身が使用して良いと感じた製品を人に伝えていきます。こうして製品愛用者の輪が広がるのです。

　もしも自分のところに新しいネットワークビジネスの情報が来て、そのビジネスが"投資商法"の色合いが強く、適法か否か判断がつかない場合は、製品使用を継続している「愛用者」がどの程度いるかという実態面に即して検討すると良いでしょう。

第5章 ▶
報酬・経費 ～持続可能なビジネスモデル～

本章においては、販売員の報酬や経費について紹介します。連鎖販売取引が継続的に取り組める仕事であることがお分かりいただけるはずです。

第1節 連鎖販売取引での報酬（特定利益）

POINT
- ●全体の約3割の販売員が、毎月の報酬が5万円未満と回答
- ●グループ人数の大きさに比例して、報酬額も高まる傾向がある

ビジネス活動の成果として報酬（特定利益）を得られる

ネットワークビジネスは文字通り "ビジネス" です。販売員は活動の成果に応じて報酬を得ることができます。

特定商取引法では、連鎖販売取引で得られる収入のことを「**特定利益**」と呼称しています。業界内では「**報酬**」「コミッション」「マージン」などの名称が定着しています。これらは基本的に「連鎖販売取引で得られる金銭的な利益」という同じことを意味します（以下、本章では「報酬」とします）。

販売員の約3割が毎月5万円未満の報酬を得ている

まず本節では、販売員がネットワークビジネスを通じて獲得している報酬額について調査しました。アンケートでは、「現在、毎月得ている収入（報酬）はおよそいくらぐらいですか？」と質問し、次の6つの中から回答してもらいました。

① 5万円未満
② 5万〜10万円未満
③ 10万〜20万円未満
④ 20万〜40万円未満
⑤ 40万〜70万円未満
⑥ 70万円以上

なお、本質問は2016年度の途中から開始しました。そのため、回答データは16〜19年度までの計4年度分、実数では合計2130人分の回答の集計となります。

● **グラフ5-1** 販売員が毎月獲得している報酬額

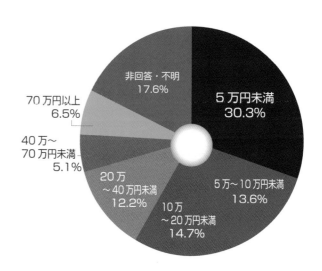

アンケートの結果は**グラフ5-1**です。もっとも多かったのは、毎月「5万円未満」の報酬を得ているという回答で、全体の30・3％を占めました。以下は「10万〜20万円未満」が14・7％、「5万〜10万円未満」が13・6％、「20万〜40万円未満」が12・2％と続き、ほぼ横並びとなりました。

一方、「40万〜70万円未満」（5・1％）、「70万円以上」（6・5％）という報酬を得ている販売員もいました。

報酬額の多い販売員ほど
ビジネス期間が長い傾向がある

　続いての調査として、報酬とビジネス期間の関係を調べてみました。ここでいう関係とは、「ネットワークビジネス経験が長い（短い）販売員ほど報酬も多く（少なく）なるのか」といった相関関係を意味します。

　このことを検証するため、販売員を毎月の報酬額別に①５万円未満 ②２０万～４０万円未満 ③７０万円以上──の３組に分け、それぞれの組に属する販売員のビジネス期間を割り出しました。その結果が**グラフ５-２**です。

　全体的に、「報酬が少ない販売員のビジネス期間は短く、反対に報酬が多い販売員のビジネス期間は長い」という具合に、明確な相関性が見て取れます。具体的には、例えば月の報酬が①５万円未満の組では、ビジネス期間１年未満の販売員が２１・２％を占めます。しかし②では１０・４％、③では２・９％と減少しています。

　反対に、報酬①５万円未満の組において、ビジネス期間１０～２０年未満の販売員は７・６％に留まりますが、②では１６・２％、③では２５・２％と割合が増加しています。

　以上の結果から、報酬額が多い販売員ほど、ビジネス期間が長い傾向にあるといえそうです。

報酬が多い人ほどアンケートに回答？

　なお、もう１つの特徴として着目したいのが、報酬の少ない組ほど、「非回答・不明」の割合が多い点です。もしかしたら、報酬が少ない販売員は多い販売員よりも、「具体的な報酬額を言いづらい（言いたくない）」という心理がはたらいているのかも知れません。その現れとして、本節の質問に「非回答」とした人が多かったとも考えられます。

● **グラフ５-２**　販売員を報酬額別（縦軸：①５万円未満 ②２０万～４０万円未満 ③７０万円以上──の３組）に区分し、それぞれの組に属する販売員のビジネス期間を算出した

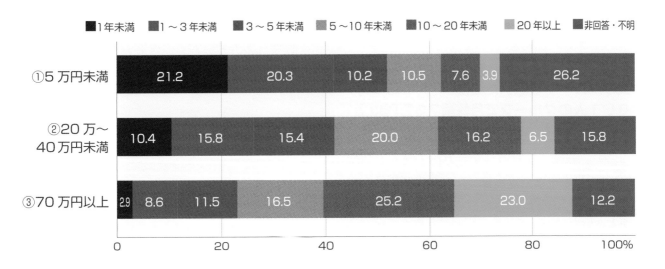

月に５万～１０万円未満の販売員は
平均１１８・８人のグループを構築

　ネットワークビジネスでは、基本的に「グループ」（詳細は第３章第３節、３５ページ）が大きくなる

に従って、そのグループを構築した販売員への報酬額も高くなります。

　そこで、「何人ぐらいのグループを構築すれば、月の報酬が５万～１０万円に達するのか？」や「月の報酬が７０万円以上の販売員は何人ぐらいのグ

第５章　報酬・経費　～持続可能なビジネスモデル～

ループを構築しているのだろう？」など、**報酬とグループ人数**の相関関係は気になるところです。これについて調査した結果が**表1**です※。

● **表1** 報酬額別の平均グループ人数

毎月の報酬金額	平均グループ人数
5万円未満	30.9人
5万～10万円未満	118.8人
10万～20万円未満	178.2人
20万～40万円未満	271.7人
40万～70万円未満	815.5人
70万円以上	5030.6人

「5万円未満」から「70万円以上」まで報酬額が上がるに従って、順当に平均グループ人数も拡大しています。

例えば、月に「5万～10万円未満」の報酬を得ている販売員のグループ人数は平均118・8人。同様に、月に「20万～40万円未満」の報酬を得る販売員のグループ人数は平均271・7人という具合です。

もちろん、主宰企業によって報酬を得られる仕組みやルールは異なります。そのため決して一概にはいえませんが、販売員にとって表1の内容はおおよその目安にはなるかも知れません。

巨大なグループを除いた場合
2601人のグループで月報酬70万円以上

ここで、報酬「40万～70万円未満」と報酬「70万円以上」という上位2つの組の結果について、より詳しく分析しましょう。というのも、報酬額が大きいだけあって、他の販売員と比べてケタ違いに大きなグループを構築している販売員がいるためです。

具体的には、「40万～70万円未満」の組には、「グループ人数が2万人」と回答した販売員が1人、「70万円以上」の組には、グループ人数を「1万1人」～「7万人」の中で回答した販売員が合計13人いました。これらの13人が表1の数値を大幅に引き上げているのです。

そこで参考までに、これら「1万1人」以上の巨大なグループを除いて再集計しました。その結果が**表2**です。

● **表2** 報酬額「40万～70万円未満」と「70万円以上」の販売員の平均グループ人数（1万1人以上のグループを除いている）

毎月の報酬金額	平均グループ人数
40万～70万円未満	578.7人
70万円以上	2601人

1万1人以上の巨大なグループを除外した分、月報酬「40万～70万円未満」と「70万円以上」の組のどちらも、平均グループ人数が表1よりも少なくなりました。

もしも表1を見て、「ネットワークビジネスで報酬70万円以上は欲しいけれど、私には5000人以上のグループを作るなんて難しそう」と考える販売員の方がいたら、より身近な目標値として表2の平均グループ人数を参考にしてはいかがでしょうか。

（※）第1章第1節（8ページ）で紹介した通り、ネットワークビジネス業界では、健康食品や化粧品などの消耗品を取り扱う主宰企業が多数を占める。そこで、本節で行った「報酬とグループ人数の相関関係」の調査を耐久消費財のみを対象に実施した場合は、本節とは異なる調査結果になると考えられる。

前年と比較して報酬は増えたか

第2節

POINT
- ● 各年度とも50％前後の販売員が「報酬が前年より増えた」と回答
- ● 報酬が増えた販売員の方が、減少した販売員よりもセミナー開催が多い

約半数の販売員が前年より報酬が増加

　ネットワークビジネスの販売員は、毎月あるいは毎週など、定期的に主宰企業から報酬を受給しています。そこで、1年間全体を通して、自分の報酬額が前年よりも増加したか／減少したかは気になるところでしょう。アンケートでは、販売員に対して「報酬は前年に比べて変化（増加あるいは減少）しましたか？」と質問しました。

　その結果、全体の49・1％が「増加した」と回答しました（**グラフ5−3**）。反対に「減少した」と回答したのは20・9％でした。約半数の販売員が、前年よりも多くの報酬を得ていることが分かります。

すべての年度で「増加した」が上回る

　合わせて、年度ごとの回答の推移を表したのが**グラフ5−4**です。年度によって非回答の割合が異なるため一概にはいえないものの、各年度とも50％前後（42・8％〜59・2％）の間の販売員が、**前年を上回る報酬**を得ていることが分かります。また、10年間で「減少した」という回答が「増加した」よりも多かった年はありませんでした。

　加えて、「前年よりも報酬が減少した」（下の折れ線グラフ）という販売員は、わずかではありますが減少傾向にあるようです。

● **グラフ5−3** 報酬は前年に比べて変化したか

● **グラフ5−4** 年度ごとの報酬の増減
（各年度とも「非回答・不明」は集計に計上しているがグラフには非表示）

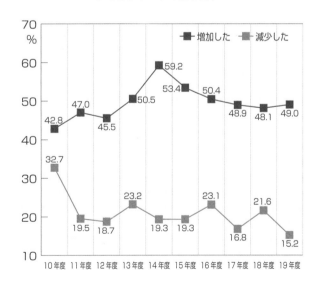

第5章

報酬・経費 〜持続可能なビジネスモデル〜

報酬40万～70万円未満の販売員の約8割が「前年より報酬が増えた」

もっとも、ひと口に「報酬が前年よりも増加した」といっても、年間の報酬が50万円の販売員が60万円に増えるのと、年間の報酬が500万円の販売員が600万円に増えるのとでは違いがあります。

そこで、現在の月の報酬が「5万～10万円未満」の販売員と、「40万～70万円未満」という販売員とを比較し、それぞれ前年より報酬が増加したか／減少したかを調査しました（**グラフ5－5**、**グラフ5－6**）。

その結果、どちらにおいても、「報酬が前年よりも増加した」という回答の方が多いことが分かりました。「5万～10万円未満」の組（グラフ5－5）では、「増加した」が58・3%、「40万～70万円未満」の組（グラフ5－6）では80・7%と多数を占めています。

この結果から、ネットワークビジネスでは報酬の規模を問わず、活動の成果次第でより報酬を増やしていけるといえます。

報酬が増加した人と減少した人の違いは？

販売員は前年よりも多くの報酬を得ようと、日々活動に取り組んでいることでしょう。では、グラフ5－3で「増加した」あるいは「減少した」と回答した販売員を比べると、ビジネス活動において一体どのような違いがあるのでしょうか。

ここでは、「増加した」と回答した販売員（以下「増加グループ」）と「減少した」と回答した販売員（以下「減少グループ」）それぞれの「毎月のセミナー開催回数」と「獲得したい報酬額」とを比較してみました。

報酬が前年より増加した販売員はセミナーの開催回数が多い

まず、両グループの毎月のセミナー開催回数を表したのが**グラフ5－7**です。

この結果を見ると、毎月のセミナー開催数が「3

● **グラフ5－5** 月の報酬5万～10万円未満の販売員

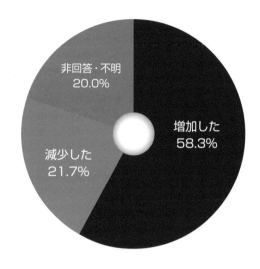

非回答・不明
20.0%

増加した
58.3%

減少した
21.7%

● **グラフ5－6** 月の報酬40万～70万円未満の販売員

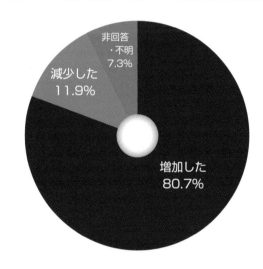

非回答
・不明
7.3%

減少した
11.9%

増加した
80.7%

～4回」「5～6回」「11回以上」という3項目において、「増加グループ」の方が高いポイントであることが分かります。とくに「3～4回」という回答は、「増加グループ」（26・1%）の方が「減少グループ」（20・6%）よりも5・5ポイント上回りました。

ネットワークビジネスの活動方法はさまざまですが、報酬が前年よりも増加した販売員は、減少した販売員よりも、毎月多めにセミナーを開催しているようです。

● **グラフ５−７**　前年より報酬が増加したグループと減少したグループのセミナー開催数

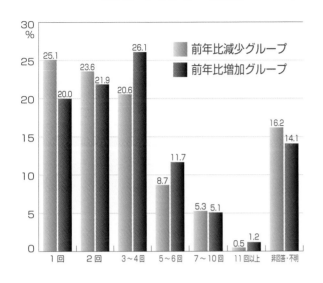

「夢は大きく」が報酬アップの秘訣？

　続いて、「増加グループ」と「減少グループ」の販売員がそれぞれ獲得したいと思っている報酬額（詳細は第５章第４節、６５ページ）を調査してみましょう。その結果が**グラフ５−８**です。

　注目したいのは、得たい報酬額が「１００万円」と「１００万円以上」の項目です。これら２つの回答項目だけ、「増加グループ」の方が「減少グループ」よりもポイントが高いのです。とくに「１００万円以上」という回答では、「増加グループ」（36・2％）は「減少グループ」（24・5％）よりも、11・7ポイント上回る結果でした。

　これはあくまで推測ですが、獲得したい報酬額の目標を高く設定している販売員の方が、実際にその目標を達成しているケースが多いのかも知れません。いわば「夢を大きく持つ」ことが原動力となって、目標達成に結び付いているのではないでしょうか。

● **グラフ５−８**　前年より報酬が増加したグループと減少したグループがそれぞれ獲得したい報酬額
（※横軸の金額が「獲得したい報酬額」）

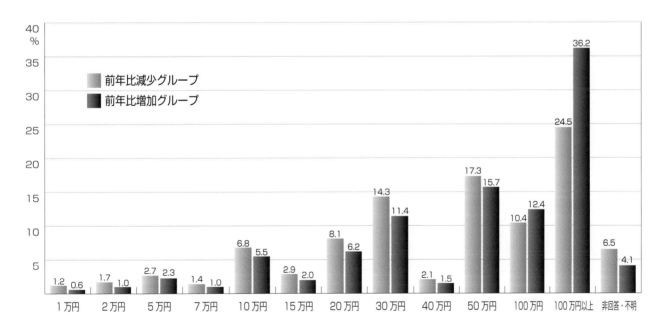

第５章

報酬・経費　〜持続可能なビジネスモデル〜

第3節 **報酬がプラスになった時期**

POINT
● 活動開始から1年以内で報酬をプラスにした人は、全体の44・8％
● 3カ月間でプラスにした販売員は、活動時間やセミナーへの参加頻度が平均を上回る

「3カ月以内でプラス」は合計23・5％

ネットワークビジネスを始めた販売員は、活動開始からどれほどの期間で、報酬（特定利益）が活動経費を上回るのでしょうか。

アンケートでは、販売員に「収入（報酬）がプラスになったのはいつですか？」と質問し、「○年○カ月後」という形で回答してもらいました。その回答を「まだプラスになっていない」から「5年1カ月以上」までの計12個の期間に区分して整理したのが**グラフ5−9**です。

まず「1カ月」で報酬がプラスになった販売員の割合は全体の11・7％でした。活動を始めて早期に実績を上げる人が一定数いることが分かります。また、「10カ月〜1年」でプラスになった人は、全体の10・9％を占めています。整理すると、3カ月以内に報酬がプラスになった人（「1カ月」「2カ月」「3カ月」の合計）は計23・5％、1年以内（「4〜6カ月」「7〜9カ月」「10カ月〜1年」も追加）では計44・8％となります。活動開始から**1年以内に実績**を上げる販売員が多いのです。

これと対照的に、1年1カ月以降に収入がプラスになったという回答では、ポイントが一気に低下しています。推測ではありますが、販売員の中には「1年間で収益にならなかったからビジネスを止めよう」「紹介活動はせず愛用者のままでいよう」と断念した方もいたかも知れません。

そこで主宰企業やリーダー会員は、もしも活動開始から1年間で実績を上げられない新規会員がいたら、モチベーションが下がらないように手助けしてあげることが重要といえるでしょう。

● **グラフ5−9** 報酬がプラスになった時期（「非回答・不明」43・5％は集計に計上しているがグラフには非表示）

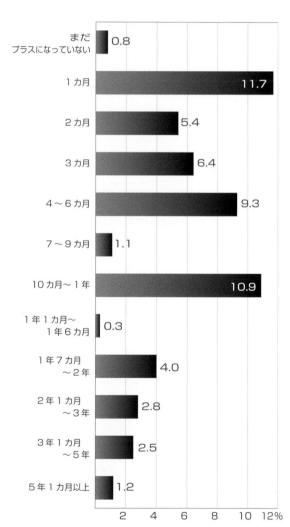

「3カ月で収入がプラス」ってどんな人？

これからネットワークビジネスを始める人や、まだ報酬がプラスになっていない販売員は、早期に実績を上げたいと思うことでしょう。では、グラフ5－9において**3カ月以内で報酬をプラス**にしたという23・5％の販売員（以下「3カ月グループ」）は、一体どのように活動を行っているのでしょうか。このことを検証するため、以下の4項目について深掘りしてみました。

①最初に誰をリクルートしたか
②1日の平均ビジネス活動時間
③セミナーや勉強会への参加頻度
④ねずみ講や悪質マルチ商法との違いを説明できるか

①3カ月で報酬をプラスにした販売員は、最初に誰をリクルートしているか？
→「友人」を誘うケースが若干多い

第2章第3節（22ページ）では、最初に誰をネットワークビジネスにリクルートしたかを紹介しました。そこで「3カ月グループ」だけを対象に、同じ質問に対する回答を算出したのが**グラフ5－10**です。

グラフ5－10Aを上記の全体平均（グラフ5－10B）と比較すると、全体的な構成にほとんど違いはありません。ただし、「旧友」と「近隣の友人」を合わせた数値を見ると、全販売員では27・5％だったのに対し、「3カ月グループ」では合計30・2％と、2・7ポイントだけ上回りました。

反対に「家族」と「親戚」を合わせた数値は、全販売員が29・2％だったのに対し、「3カ月グループ」では27・9％と下回っています。これらを合わせると、「3カ月グループ」は全販売員と比較すると、最初に友人をリクルートする人が若干ですが多いといえます。

● **グラフ5－10A** 「3カ月グループ」が最初に誰をリクルートしたか

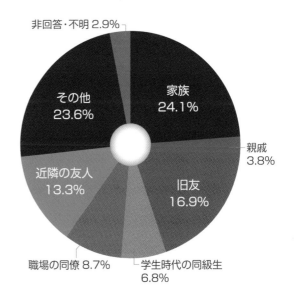

● **グラフ5－10B** 全販売員が最初に誰をリクルートしたか（22ページに詳細）

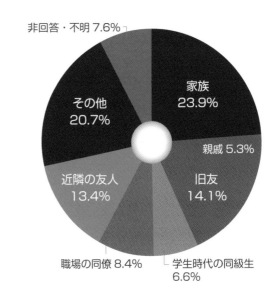

このことは、23ページで紹介した「最初に旧友・近隣の友人をリクルートした販売員は、最初に家族や職場の同僚などをリクルートした販売員よりも、ビジネス開始後3カ月間の新規獲得人数がやや多い」という考察結果とも重なります。

第5章　報酬・経費　～持続可能なビジネスモデル～

②3カ月で報酬をプラスにした販売員の1日平均のビジネス活動時間は？
→「1時間以上～3時間未満」「3時間～6時間未満」が多い

　続いて、「3カ月グループ」は1日に平均でどのくらいの時間をネットワークビジネスに費やしているかを調査しました。その結果が**グラフ5-11**です。

　全販売員の1日平均ビジネス時間（グラフ5-11B）では、回答が多かったものから順に「1時間以上～3時間未満」（26・2％）、「1時間未満」（21・8％）、「3時間以上～6時間未満」（18・4％）という結果でした。「3カ月グループ」（グラフ5-11A）においても、もっとも多かったのは同じく「1時間以上～3時間未満」で27・7％を占めました。

　しかし2位以降に違いが見られます。グラフ5-11Aでは「3時間以上～6時間未満」が25・5％を占め、全販売員の回答（18・4％）より7・1ポイント高いのです。

　上位の回答項目についても違いがあります。グラフ5-11B（全販売員の回答）では、「6時間以上～12時間未満」という回答は11・0％ですが、グラフ5-11A（3カ月グループ）では18・0％を占めています。「3カ月グループ」の方が、全販売員の回答よりも7・0ポイント高い数値です。

　従って、「3カ月グループ」は全販売員よりも、**ビジネスに費やす時間が長い**といえます。具体的には、1日当たり「3時間以上～6時間未満」「6時間以上～12時間未満」の範囲でビジネス活動に取り組む人が、全販売員よりも多いようです。「12時間以上」という回答も、全販売員よりも1・4ポイントですが上回りました。

③3カ月で報酬をプラスにした販売員のセミナーや勉強会への参加頻度は？
→週1回以上の参加が全体平均を上回る

　②で紹介した通り、3カ月で報酬をプラスにした販売員は、全販売員よりもビジネス活動に充てる時間が長いことが分かりました。では、これらの販売

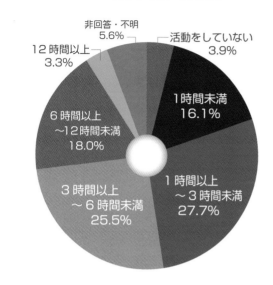

● **グラフ5-11A**　「3カ月グループ」の
　　　　　　　　　　1日の平均ビジネス時間

非回答・不明 5.6%
12時間以上 3.3%
活動をしていない 3.9%
1時間未満 16.1%
6時間以上～12時間未満 18.0%
1時間以上～3時間未満 27.7%
3時間以上～6時間未満 25.5%

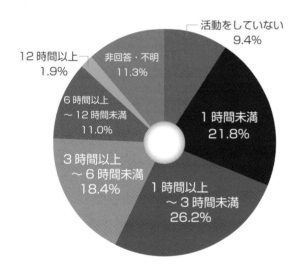

● **グラフ5-11B**　全販売員の1日の平均ビジネス時間
　　　　　　　　　　（40ページに詳細）

活動をしていない 9.4%
12時間以上 1.9%
非回答・不明 11.3%
6時間以上～12時間未満 11.0%
1時間未満 21.8%
3時間以上～6時間未満 18.4%
1時間以上～3時間未満 26.2%

員は具体的にどのような活動に時間を費やしているのでしょうか。「3カ月グループ」のセミナーや勉強会への参加頻度について調査しました。その結果が**グラフ5-12**です。

　全販売員の「セミナーや勉強会への参加頻度」はグラフ5-12Bの通りです。グラフ5-12Aと比較すると、「週1回くらい」「週2～3回」「週4～5回」「ほぼ毎日」という上位4項目において、それぞれ「3カ月グループ」の方が全体平均（グラフ5-12B）よりも高いポイントです。つまり「3

第5章　報酬・経費　～持続可能なビジネスモデル～

● **グラフ5−12A**　「3カ月グループ」のセミナーや勉強会への参加頻度

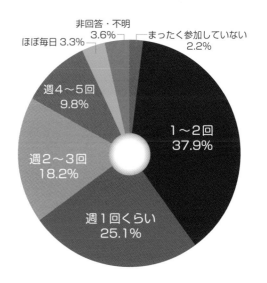

非回答・不明 3.6%
ほぼ毎日 3.3%
まったく参加していない 2.2%
週4〜5回 9.8%
1〜2回 37.9%
週2〜3回 18.2%
週1回くらい 25.1%

● **グラフ5−12B**　全販売員のセミナーや勉強会への参加頻度（46ページに詳細）

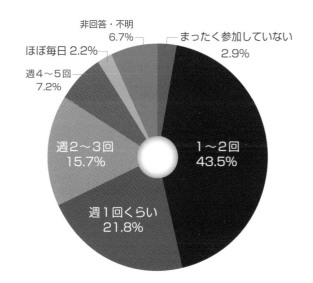

非回答・不明 6.7%
ほぼ毎日 2.2%
まったく参加していない 2.9%
週4〜5回 7.2%
1〜2回 43.5%
週2〜3回 15.7%
週1回くらい 21.8%

カ月グループ」はセミナーや勉強会に参加する回数が全体平均よりも多いのです。おそらく活動を始めたばかりということもあり、まずは積極的にセミナーや勉強会に参加して、製品の知識やビジネスのノウハウを身に付けようとする人が多いのだと思われます。

　ただし厳密にいえば、グラフ5−12Aの回答者の中には「最初3カ月間はまったくセミナーに参加しなかったが、数カ月後には週2〜3回参加するようになった」という方もいるかも知れません。つまり、グラフ5−12Aで紹介した参加頻度が、必ずしも活動開始から3カ月以内での参加頻度とは限りません。それを踏まえた上ではありますが、スタートダッシュを切りたい販売員の方は、これらのグラフを目安にしてセミナーや勉強会への参加頻度を検討してみてはいかがでしょうか。

第5章

報酬・経費　〜持続可能なビジネスモデル〜

④3カ月で報酬をプラスにした販売員は、ねずみ講や悪質マルチ商法との違いを説明できるか
→87％がねずみ講との違いを説明できる

本節の最後に、3カ月で報酬をプラスにした販売員は、ネットワークビジネスとねずみ講や悪質マルチ商法との違いを説明できるかを調べました（グラフ5-13、グラフ5-14）。

●**グラフ5-13A**　「3カ月グループ」はねずみ講との違いを説明できるか

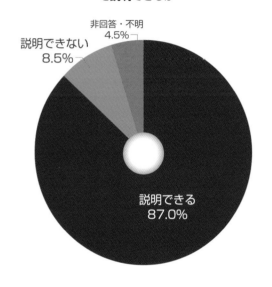

非回答・不明
4.5%
説明できない
8.5%
説明できる
87.0%

●**グラフ5-13B**　全販売員がねずみ講との違いを説明できるか（51ページに詳細）

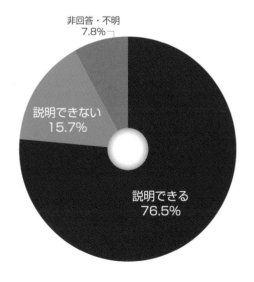

非回答・不明
7.8%
説明できない
15.7%
説明できる
76.5%

全販売員のうち、「ねずみ講との違いを説明できる」と回答したのは76・5％（グラフ5-13B）、同じく「悪質マルチ商法との違いを説明できる」と回答したのは65・8％でした（グラフ5-14B）。

これに対して、「3カ月グループ」では、「ねずみ講」については87・0％（グラフ5-13A）、「悪質マルチ商法」については78・3％（グラフ5-14A）でした。どちらも全体平均を上回っています。

つまり「3カ月グループ」では、**悪質商法との違いをしっかりと説明できる人が、全体平均よりも多い**のです。健全なネットワークビジネスについてきちんと相手に説明できることが、活動初期からリクルートやグループ作りにつながり、報酬をプラスにすることに結び付いているのかも知れません。

●**グラフ5-14A**　「3カ月グループ」は悪質マルチ商法との違いを説明できるか

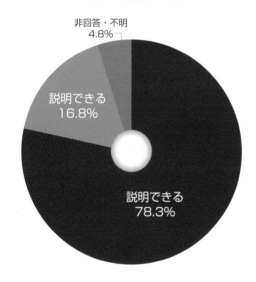

非回答・不明
4.8%
説明できる
16.8%
説明できる
78.3%

●**グラフ5-14B**　全販売員が悪質マルチ商法との違いを説明できるか（51ページに詳細）

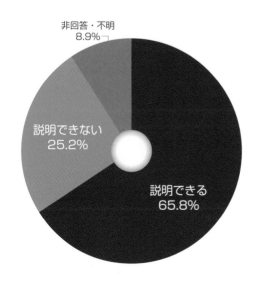

非回答・不明
8.9%
説明できない
25.2%
説明できる
65.8%

第4節

獲得したい報酬金額

POINT
● 目標の報酬金額を調査した結果、「100万円以上」という回答が最多
● 現在得ている報酬が多くなるほど、目標とする報酬額も顕著に増加する

「毎月100万円以上を得たい」が最多

販売員は、「毎月これぐらいの報酬を得たい」という目標を定めてビジネス活動をしていることでしょう。そこでアンケートでは、「現実的に考えて、あなたが**1カ月に得たいボーナス**（報酬、特定利益）はいくらですか？」と質問しました。

その回答結果が**グラフ5−15**です。もっとも多

かったのは「**100万円以上**」という回答で28・3％を占めました。次点の「50万円」（14・9％）など、他の回答項目を大きく引き離しています。

ほかには、「30万円」（12・1％）や「100万円」（10・3％）などの回答が目立ちます。全体的に上位の金額を回答する人が多く、ネットワークビジネスで十分な報酬を得たいと考える販売員が多いようです。

● **グラフ5−15** 販売員が1カ月に獲得したい報酬（特定利益）

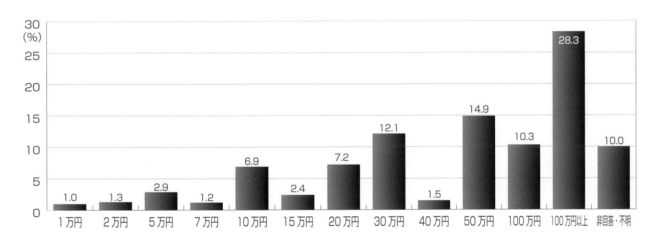

現在の報酬が多いほど目標金額も高い

続いて、グラフ5−15の結果をさらに分析してみましょう。販売員が現在実際に得ている報酬額によって、目標の報酬額がどれぐらい異なるかを調査しました。ここでは全販売員の中から、月の報酬を「5万円未満」「10万〜20万円未満」「40万〜70万円未満」と回答した人を抽出し、これら3つの組の販売員が得たい報酬額をそれぞれ算出しました（**グラフ5−16〜5−18**）。

まずは、次ページの3つのグラフそれぞれで最多のポイントを占めた回答が何だったかに着目してみましょう。グラフ5−16（月の報酬「5万円未満」）では、得たい報酬を「30万円」と回答した販売員は17・1％で、最多を占めました。

グラフ5−17（月の報酬「10万〜20万円未満」）では、「50万円」という回答が最多の25・6％でした。グラフ5−18（月の報酬「40万〜70万円未満」）では、「100万円以上」を得たいという回答がもっとも多く、56・9％と半数

第5章 報酬・経費 〜持続可能なビジネスモデル〜

以上を占めました。

　これらの結果から、現在得ている報酬額が上がるほど、目標とする報酬額も明確に高くなることが分かりました。

　一方、報酬「5万円未満」の販売員（グラフ5－16）においても、目標金額を「100万円」と回答した人は6・5％、「100万円以上」は10・4％を占めます。現在の報酬がまだ少額であっても、7ケタ以上の報酬を達成することは魅力的な目標であるようです。

● **グラフ5－16**　報酬「5万円未満」の販売員が獲得したい報酬

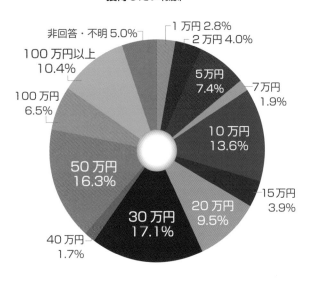

● **グラフ5－17**　報酬「10万～20万円未満」の販売員が獲得したい報酬

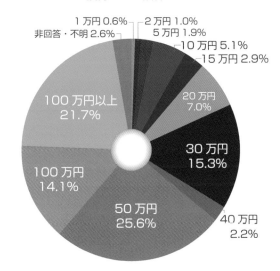

期待以上の報酬で満足な人も？

　ここで、1つ着目したい数値があります。これら3つのグラフにおいて、「現在の報酬」よりも「得たい報酬」を少なく回答した人が少数ながらいるのです。例えば、現在の報酬が「10万～20万円未満」の組（グラフ5－17）において、得たい報酬を「5万円」と回答した人は1・9％いました。

　このように「現在の報酬 ＞ 得たい報酬」と回答した販売員を整理すると、グラフ5－17では計3・5％（「1万円」～「5万円」までの回答の合計）、グラフ5－18では計7・3％（「10万円」～「30万円」までの回答の合計）となりました。

　これらの販売員が少額の目標金額を回答した理由は不明ですが、推察するに「期待以上の報酬をネットワークビジネスで得られた」「現在の報酬で満足している」といった感想を持っているのかも知れません。

● **グラフ5－18**　報酬「40万～70万円未満」の販売員が獲得したい報酬

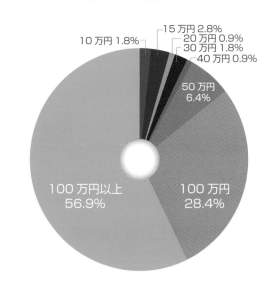

第5節 毎月の製品購入金額

POINT
● 毎月約5万円を支出する販売員が2割超。次いで1万円台の支出が多い
● この10年間で、毎月の製品購入金額を1万円台に抑える販売員が増加

毎月1万円台か、5万円の購入者が多い

ネットワークビジネスの販売員は、主宰企業への入会と共に初回商品を購入し、その後も継続的に製品を愛用します。また、販売員が報酬（特定利益）を得るためには、入会時の特定負担とは別に、「**毎月一定額の製品を購入**する」ことなどが条件とされていることが主流です。そこで本節では、販売員に「月平均の製品購入金額」を質問し、11の回答項目（グラフ5−19の横軸を参照）の中から1つを選択してもらいました※。

その結果が**グラフ5−19**です。もっとも多かった回答は「5万円」で全体の21・5％を占めました。次いで、「10万円以上」（16・5％）と「3万

円」（15・9％）がほぼ同値で並んでいます。

ただし、金額を細かく区切った「1万円」「1万2000円」「1万5000円」の3つの回答を合わせると、合計18・1％となります。このことから、毎月約5万円か1万円台を製品購入に支出する販売員が多いといえます。

また、グラフ5−19全体を見ると、1万円未満にあたる「3000円」「5000円」「7000円」「8000円」の4項目は、それぞれポイントが低いです。4項目をすべて合算しても、合計3・3％に過ぎません。これは、ネットワークビジネスにおける製品価格がおよそ**1万円以上に設定**されていることが多いからだと考えられます。

● **グラフ5−19** 販売員の月平均の製品購入金額

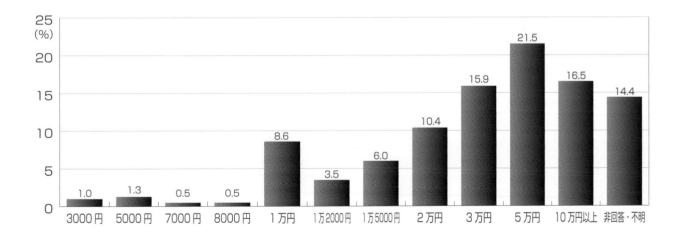

（※）本白書のアンケート回答者は、ネットワークビジネスの活動を行っている販売員である。そこで、ビジネス活動はせず、製品の愛用（自己消費）のみという会員を対象に「毎月の製品購入金額」を調査した場合は、本節とは異なる調査結果になると考えられる。

第5章 報酬・経費 〜持続可能なビジネスモデル〜

報酬が多いほど製品購入金額も増える

　第5章第1節（54ページ）では、販売員が毎月ネットワークビジネスでどれぐらい報酬（特定利益）を得ているかを紹介しました。では、報酬の多い／少ないによって、毎月の製品購入金額にも違いがあるのでしょうか。両者の相関関係を調査しました。

　グラフ5－20は、販売員を毎月の報酬別に「5万円未満」「10万〜20万円未満」「40万〜70万円未満」の3組に分け、それぞれの月平均の製品購入金額を算出したものです。全体的に報酬額が増えるに従って、製品の購入金額も大きくなっています。

　例えば、購入額「5万円」の項目に着目してみましょう。報酬「5万円未満」の組で購入額「5万円」と回答した人は8・2％、「10万〜20万円未満」の組では15・7％、「40万〜70万円未満」の組では21・1％でした。報酬の多さに比例してポイントが増加しています。この傾向は、購入額「3万円」や「10万円以上」の項目でも同様でした。

報酬10万〜20万円の販売員のうち 76・7％が報酬の範囲内で購入

　続いて、販売員は報酬の範囲内で製品を購入しているのか、それとも報酬をオーバーして購入しているのかに着目します。

　まず、報酬「10万〜20万円未満」の組において、購入金額「3000円」から「5万円」までの10項目を合算すると、合計76・7％でした。

　また、このグラフにはありませんが、月の報酬を「5万〜10万円未満」と回答した販売員のうち、購入金額を「3000円」から「3万円」までの9項目の中から回答した人の割合は合計67・9％。「5万円」までの10項目では合計87・6％でした（残り「10万円以上」が5・9％、「非回答・不明」が6・5％）。

　これらの結果から、ネットワークビジネスで得た報酬よりも少ない金額で製品購入する販売員が多いといえます。無理せず**報酬の範囲内で購入**を続けることが、活動を継続する秘訣のようです。

● **グラフ5－20**　販売員を報酬（特定利益）別に3組に分け、各組の月平均の製品購入金額を算出した

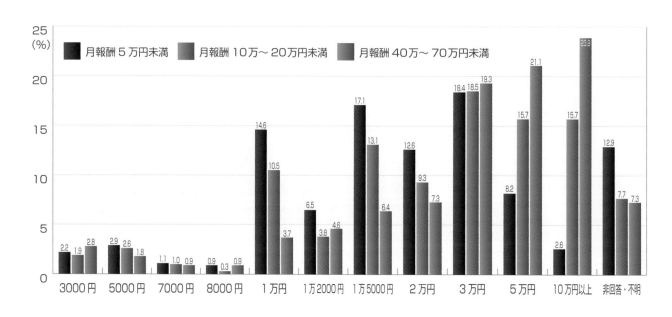

毎月5万円、10万円以上の購入者は減少

本白書のデータは2010～19年度までの調査に基づきます。では、この10年間で販売員の**製品購入金額に変化**はあったのでしょうか。

10～19年度までの間に、消費増税が2回ありました（2014年4月から消費税8％に増税。2019年10月からは同10％に増税し、軽減税率も導入された）。そこで、「2010年度」「2014年度」「2019年度」という3年度に特化して、各年度の製品購入金額を調べてみました。**グラフ5−21**は、この3年度分における製品購入金額を表したものです。

まず共通して、購入金額「5万円」が各年度とも最多のポイントを占めています。しかし、年度によってその数値には違いがあります。10年度は「5万円」の項目が33・5％であるのに対し、14年度は同23・7％、19年度は16・1％と回答率が低下しているのです。つまり、毎月5万円を製品購入に費やす販売員は減少傾向だといえます。

同様に「10万円以上」の項目でも、年度ごとに回答率が低下しています。19年度（9・2％）は、10年度（23・5％）の半分以下となりました。つまり、年度ごとの推移では、毎月の製品購入に**5万円や10万円以上を費やす販売員は減少している**ことが分かります。

反対に「3万円以下」の購入者は増加

これと対照的に、年度ごとにポイントが上がっている項目もあります。「8000円」から「3万円」までの6項目と「5000円」の項目では、10・14・19年度と順に回答率が高くなっています。とくに「1万円」や「1万5000円」の項目は、顕著にポイントが増加しています。

さらに、1万円台（「1万円」「1万2000円」「1万5000円」の3項目の合算）を比較してみると、10年度は計6・2％に留まるのに対して、14年度は計13・0％と倍増。19年度は25・0％となり、10年度の約4倍増に拡大しています。

● **グラフ5−21** 10年度・14年度・19年度の各年度における販売員の月平均の製品購入金額

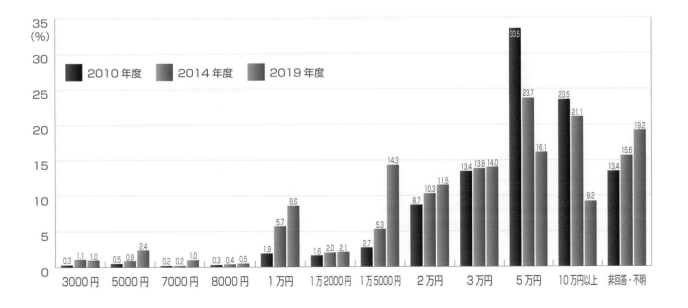

第5章 報酬・経費 ～持続可能なビジネスモデル～

製品の低価格化、過量販売の防止

　これらの結果をまとめると、この１０年間において、毎月５万円や１０万円分以上の製品を購入する販売員は減少し、反対に毎月の製品購入金額を１万円台や３万円以下とする販売員が増加しました。総じてこの１０年間で、製品購入に充てる金額は抑制されているといえます。

　その要因を考察すると、ネットワークビジネスで流通する製品が**低価格化**したことが挙げられます。耐久消費財よりも消耗品（健康食品や化粧品など）の取り扱いが増えたことや、主宰企業が**過量販売を防止**するために、無理な「まとめ買い」ができない仕組みを設けることで、販売員一人あたりの購入単価が減少したと考えられます。

　また、業界全体の傾向としては、主宰企業が愛用者会員（ビジネス活動をせず、製品の自己消費を目的に入会する会員）を重視し、買い求めやすい製品価格に設定するケースが目立ちます。具体的には、製品価格を１万〜２万円とすることが多いようです。

毎月１万円台を支出する販売員は増加

　以上の結果について、**グラフ５−２２**でも追加検証をしてみましょう。グラフ５−２２は、１０〜１９年度までの全年度のうち、毎月の製品購入金額を「１万円台」「３万円」「５万円」の３つに絞って、各回答の割合の推移を表したものです。

　３つの折れ線グラフはそれぞれ、年度ごとに増減を繰り返してはいますが、全体的には「５万円」のポイントが低下する一方で、「１万円台」のポイントが増加していることが分かります。この２つの折れ線グラフは、ちょうど対称的な形を示しています。

　その一方で、「３万円」のグラフは比較的安定しています。１５年度と１７年度においては、「３万円」の回答は２０％を超えていますが、それ以外の年度は１３〜１６％前後で推移し、ほぼ横バイとなっています。

　グラフ５−２１の結果と重複しますが、この１０年間で毎月５万円や１０万円以上といった比較的高額な支出は抑制される一方で、毎月１万円台を支出する販売員は増加傾向にあるようです。そして、毎月３万円を製品購入に充てる販売員については、１０年間であまり変動していないとみられます。

● **グラフ５−２２**　１０年度から１９年度まで、各年度において製品購入金額を「１万円台」「３万円」「５万円」とそれぞれ回答した人の割合（％）を算出した

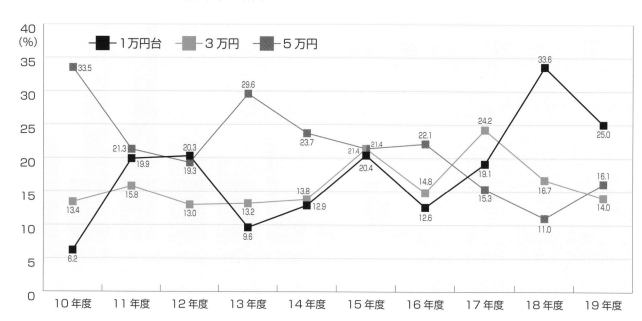

毎月の活動経費

第6節

POINT
- 報酬が増えるのに比例して、活動経費も増加する
- 一方で、報酬が増えるほど、報酬に占める経費の割合は下がる

1カ月の経費「3万円以下」が46・5％

ネットワークビジネスは一つの事業です。販売員は新規会員をリクルート（勧誘）したり、グループを構築したりするために活動経費が必要となります。ここでいう「**活動経費**」とは、定期的な製品購入代金や見込み顧客に交付する法定書面の代金のほか、交通費や出張に伴う宿泊代、セミナー会場のレンタル料金など多岐にわたります。

そこで本節では、「ビジネスにかかる経費は、1カ月平均でいくらですか？」と質問しました。その結果が**グラフ5-23**です。

● **グラフ5-23** 販売員の1カ月平均の経費

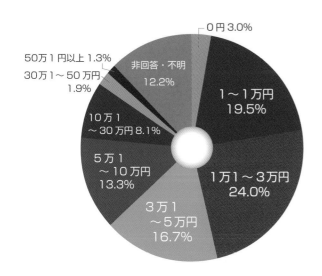

もっとも多かった回答は「1万1～3万円」で、24・0％を占めました。続いて多い順に、「1～1万円」（19・5％）、「3万1～5万円」（16・7％）と続きます。経費が「0円」（3・0％）という回答と合算すると、1カ月平均の経費が3万

円以下という販売員が合計46・5％、同5万円以下という販売員が合計63・2％を占めることが分かりました。

一方、「10万1～30万円」（8・1％）を超える経費については、回答率がぐっと下がっています。「50万1円以上」という高額な経費を回答した販売員は、全体のわずか1・3％でした。

毎月獲得している報酬によって経費はどれほど異なるか

では、販売員が獲得している報酬（特定利益）によって、経費はどのくらい違ってくるのでしょうか。

ここでは、全販売員を毎月の報酬別に、

①5万円未満
②5万～10万円未満
③20万～40万円未満
④40万～70万円未満

——という4つの組に分け、各組の経費額を調査しました。販売員の皆さんは、ご自身の現在の報酬と比較してご覧いただくと参考になるかも知れません。

①毎月の報酬が5万円未満の販売員の経費
→「1～1万円」「1万1～3万円」が多い

　まずは、月の報酬が「5万円未満」の販売員の経費を表したのが**グラフ5－24**です。

　報酬「5万円未満」の組では、月平均の経費は「1～1万円」が31・3％、「1万1～3万円」が34・0％と、それぞれ多くを占めました。合計65・3％に上ります。

　また、「3万1～5万円」という回答は16・1％を占めます。これらの販売員は、ネットワークビジネスで得た報酬の半分以上あるいは全額を活動経費に充てていることになります。

　金額の大きい回答では、それぞれ「5万1～10万円」が4・5％、「10万1～30万円」が0・9％、「30万1～50万円」が0・2％でした。これらの販売員は、ネットワークビジネスでの報酬以外の資金も活動経費に充てていることになります。なお、経費「50万1円以上」という回答をした人はゼロ人でした。

②毎月の報酬が5万～10万円未満の販売員の経費
→「1万1～3万円」が多いが、報酬5万円未満の販売員よりも「3万1～5万円」という回答が増加

　次に、報酬「5万～10万円未満」の組を見てみましょう（**グラフ5－25**）。もっとも多かった回答は「1万1～3万円」で38・6％を占めました。「1～1万円」（19・0％）と合わせると、合計57・6％。月の報酬が「5万～10万円未満」の組では、半数以上の販売員が経費を3万円以内で抑えていることになります。

　グラフ5－24と比較すると、グラフ5－25では経費「1～1万円」という回答がグラフ5－24よりも12・3ポイント減りました。反対に「3万1～5万円」の回答は、グラフ5－24より9・8ポイント増えています。ネットワークビジネスでの報酬が増えるに従って、活動に充てる経費も増額していると考えられます。グラフ5－25では「5万1～10万円」も7・6％を占め、グラフ5－24（4・

● **グラフ5－24**　報酬5万円未満の販売員の経費

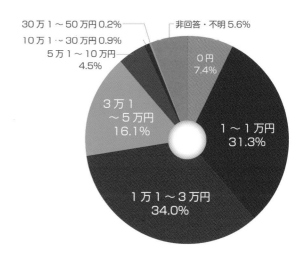

● **グラフ5－25**　報酬5万～10万円未満の販売員の経費

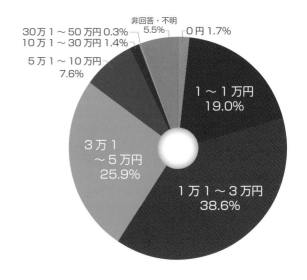

5％）よりも微増しました。

　金額が上位の項目を見ると、グラフ5－25では「10万1～30万円」が1・4％、「30万1～50万円」が0・3％となりました。また、「50万1円以上」という回答は、報酬「5万円未満」の組と同じくゼロ人でした。

③毎月の報酬が20万〜40万円未満の販売員の経費
→「3万1〜5万円」が最多。「5万1〜10万円」「10万1〜30万円」も増加

④毎月の報酬が40万〜70万円未満の販売員の経費
→「10万1〜30万円」が大幅に増加して最多。「50万1円以上」も初めて回答あり

●**グラフ5−26** 報酬20万〜40万円未満の販売員の経費

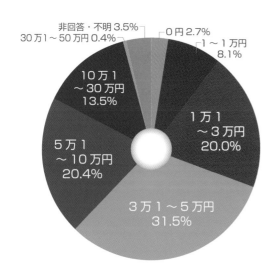

●**グラフ5−27** 報酬40万〜70万円未満の販売員の経費

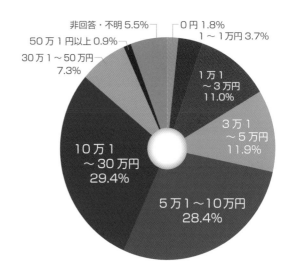

　続いて、報酬「20万〜40万円未満」の組の回答（**グラフ5−26**）を確認しましょう。これまでの2組と比較して、経費の金額に変化があります。
　まず、経費が「1〜1万円」「1万1〜3万円」という回答の割合が、グラフ5−24とグラフ5−25よりも減っています。反対に「3万1〜5万円」という回答が31・5％を占め、グラフ5−24とグラフ5−25よりも回答率が増加しました。
　より高額な経費にあたる「5万1〜10万円」（20・4％）と「10万1〜30万円」（13・5％）という回答についても、前の2組と比べて回答率が大幅に伸びました。ここでもやはり、報酬の増加に従って経費も増額しているといえそうです。ただし、このグラフ5−26においても、経費が「50万1円以上」という最上位の回答はゼロ人でした。

　最後に、報酬が「40万〜70万円未満」の販売員についても見てみましょう（**グラフ5−27**）。この組では、金額が上位の項目に際立った変化が見られます。
　まずグラフ5−24〜5−26までと比較すると、「3万1〜5万円」以下の項目の回答率が減少しています。その一方で、「5万1〜10万円」が28・4％と多くを占めました。さらに、「10万1〜30万円」という回答は29・4％を占め、グラフ5−27において最多のポイントを占めています。
　グラフ5−27で特徴的なのは、グラフ5−24〜5−26ではわずか0・2〜0・4％の回答率しかなかった「30万1〜50万円」という回答が、7・3％を占めるまで増加したことです。さらに、これまでの3組では1人も回答がなかった「50万1円以上」について、グラフ5−27では0・9％と少数ではありますが、初めて回答がありました。
　これらの結果を総合すると、やはりネットワークビジネスでの**報酬が増える**のに**比例**して、ビジネス活動に費やす**経費も増加**するといえそうです。

第5章　報酬・経費　〜持続可能なビジネスモデル〜

報酬が増えた分だけ経費が増えると
利益を出すことができない？

　ここまでは、全販売員を報酬別に4つの組に分けて、それぞれの経費額を調査しました。その結果、報酬額と経費の額は比例する傾向にあることが分かりました。

　では、ネットワークビジネスで多くの報酬を得たとしても、その分だけ経費もかさんでしまい、いつまでも利益を出せない仕組みなのでしょうか。この点を明らかにするため、販売員に対して「ビジネス収入（報酬）に対する**経費の割合**はおよそどのくらいですか？」という追加の質問を行いました。その結果が**グラフ5-28**です。

報酬「5万円未満」の販売員では
経費の割合「1割」と「5割以上」に二極化

　グラフ5-28では、これまでと同じく全販売員を報酬別に、①5万円未満　②5万～10万円未満　③20万～40万円未満　④40万～70万円未満——の4組に分けて、各組の販売員の経費の割合を算出しました。

　まず、報酬「5万円未満」の組を見ると、経費の割合が「1割」という回答が22・0％と最多でした。一方で「5割以上」という対照的な回答も20・6％と多くを占めています。

　前掲のグラフ5-24（報酬5万円未満の販売員の経費）においても、経費が「0円」や「1～1万円」という回答が多かった一方で、「3万1円～5万円」や「5万1～10万円」という比較的高額な回答もありました。このことから、報酬が「**5万円未満**」の販売員は**経費の割合が二極化**しているようです。

報酬が増えるほど
経費を2～3割で抑える販売員が増加

　しかし、報酬「5万～10万円未満」「20万～40万円未満」「40万～70万円未満」の3組では、経費の割合に変化が見られます。

　報酬「5万円未満」の組と比較してもっとも目立つ変化は、経費の割合が「2割」や「3割」という回答が増加していることです。反対に、「5割以上」という回答が減少していることが分かります。

　ここで、4つの組それぞれにおける「1割」「2割」「3割」という3つの回答、つまり経費「3割以下」の回答に着目してみましょう。これら3つの回答項目を合計してみると、「5万円未満」の組では、経費の割合が3割以下は36・7％でした。

　これに対し、「5万～10万円未満」の組では同51・8％と過半数を占めます。さらに、「20万～40万円未満」の組では同53・0％、「40万～70万円未満」の組では同58・7％と占有率が増加しています。つまり、報酬が増えるほど、報酬に占める**経費の割合を3割以下**で抑える販売員が増加しているのです。

報酬がまだ少ない販売員のうち
経費がかさんでいる人をサポート

　これらの結果から、主に2つのことを結論付けることができそうです。

　1つは、報酬が5万円未満の販売員では、報酬と経費のバランスがまだ不安定であること。このことは、経費の割合が二極化していることに表れています。まだネットワークビジネスでの報酬がそれほど大きくないことから、ビジネス活動を軌道に乗せるために、報酬の大半あるいは報酬額を超える金額を活動経費に充てる販売員がいるようです。

　このような販売員は、報酬が少ないながら経費がかさんでしまうと、そのまま実績を挙げられなかった場合、当然ネットワークビジネスに満足を感じないでしょう。

　そこで主宰企業やグループのリーダーは、例えば報酬5万円未満の販売員のうち、報酬よりも経費が大幅に上回っている人にフォーカスし、活動経費の抑え方などをアドバイスしてサポートしてあげると喜ばれるかも知れません。

ネットワークビジネスは
経費を抑えて利益を出せる仕組み

　もう1つの結論は、ネットワークビジネスでの報酬が増えるに従って経費も増えるものの（※グラフ

第5章　報酬・経費　〜持続可能なビジネスモデル〜

5-24〜5-27までの考察）、報酬に対する経費の割合を3割以下に抑える販売員が増えるということです。

つまりネットワークビジネスでは、報酬を得た分だけ、それを活動経費として消費せざるを得ないという訳では決してありません。報酬を増加させながら、その中で上手に**経費を抑えて利益を出す**ことができる仕組みなのです。

● **グラフ5−28**　販売員を報酬別に4つの組に分け、各組の販売員の報酬に占める経費の割合を算出した

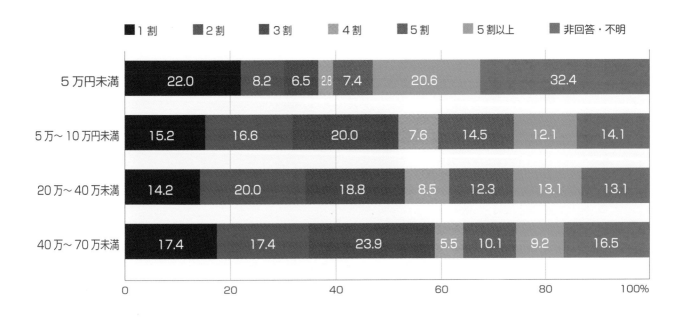

凡例: ■1割　■2割　■3割　■4割　■5割　■5割以上　■非回答・不明

	1割	2割	3割	4割	5割	5割以上	非回答・不明
5万円未満	22.0	8.2	6.5	2.8	7.4	20.6	32.4
5万〜10万円未満	15.2	16.6	20.0	7.6	14.5	12.1	14.1
20万〜40万未満	14.2	20.0	18.8	8.5	12.3	13.1	13.1
40万〜70万未満	17.4	17.4	23.9	5.5	10.1	9.2	16.5

第5章　報酬・経費　〜持続可能なビジネスモデル〜

特集　副業と専業こんなに違う！

～副業としてのネットワークビジネスの魅力～

特集 副業と専業こんなに違う！

～副業としてのネットワークビジネスの魅力～

POINT ● 1日の活動時間、グループ人数、報酬額の違いなど、全13項目から徹底比較

「副業」への関心が高まっている

厚生労働省は平成30年（2018年）1月、同省が公表している「モデル就業規則」から副業禁止規定を削除し、労働者の副業を容認する方向に大きく舵を切りました。いわゆる「副業解禁」です。

また同年、厚生労働者は「副業・兼業の促進に関するガイドライン」を作成しました。令和2年（2020年）9月には、同ガイドラインの改訂版も公表しています。

そのような中、令和2年には、新型コロナウイルス感染症が世界的に拡大するとい

う未曽有の事態が発生。日本でも雇用に対する不安が広がり、副業への関心がより高まりました。

ネットワークビジネスの販売員の中には、本業と並行して、副業としてこのビジネスに携わっている人が大勢います。そこで本白書では、副業としてネットワークビジネスを選択した人が「どのようにビジネス活動を行っているか」「報酬や経費はどのくらいか」などを調査しました。「副業としてのネットワークビジネス」の実態や魅力に迫ります。

❶ 全販売員のうち「副業」の方が多い

まず、全販売員（9728人が対象）のうち、「**専業**（ネットワークビジネスだけを仕事として生計を立てること）」と「**副業**（自営業者や会社員、主婦などがサイドワークとしてネットワークビジネスを行うこと。非専業)」の割合を調べました（**グラフ1**）※。

全販売員のうち、専業は43・6％、副業が47・1％を占めました。つまり、副業でネットワークビジネスを行う人の方が、専業の人よりも多いのです。

● **グラフ1** 専業か副業かの割合

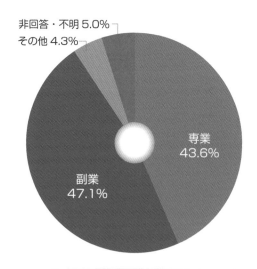

非回答・不明 5.0％
その他 4.3％
専業 43.6％
副業 47.1％

（※）「専業」と「副業」の区別について
本白書のアンケートでは、販売員に「ネットワークビジネスを専業にしていますか。副業ですか」とだけ質問している。そのため本特集における専業か副業かの区別は、アンケートに回答した販売員自身が、専業と副業のうちどちらとしてネットワークビジネスに取り組んでいるかという自己判断に基づく。そこで、例えば「専業」の中には、「自分は専業主婦で定職に就いてはいないが、収入を得る仕事としてはネットワークビジネスのみを行っている」というケースを含む可能性がある。

❷ 2015年度以降、副業の割合が高い傾向

では、この10年間で**専業と副業の割合に変化**はあったのでしょうか。**グラフ2**は、2010〜19年度までの各年度における専業と副業の割合を算出したものです。

グラフ2によると、年度ごとに専業と副業のどちらとも増減を繰り返しています。しかし全体的には、「副業」の方のポイントが高い年度が多いです。とくに2015年度以降はずっと、副業の割合が専業を上回っています。近年は、副業としてのネットワークビジネスが定着しているといえます。

● **グラフ2** 2010〜19年度までの年度ごとの専業と副業の割合
（※「非回答・不明」は集計に計上しているがグラフには非表示）

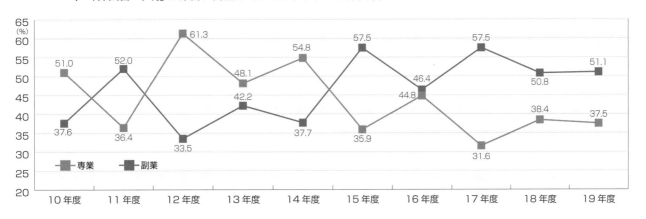

❸ ネットワークビジネス以外の職業は「自営業」や「会社員」が多い

グラフ1では、「副業」という回答が47・1％ありました。では、「副業」と回答した販売員は、ネットワークビジネス以外にどのような職業に就いているのでしょうか。この点を調査したのが**グラフ3**です。

● **グラフ3** 副業で行う販売員の
ネットワークビジネス以外の職業

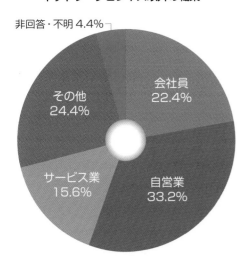

もっとも多かった回答は「**自営業**」で33・2％でした。ネットワークビジネス業界では、例えば自身が経営する美容サロンにネットワークビジネスの化粧品を取り入れたり、飲食店の経営者がネットワークビジネスの浄水器を店内に設置して調理に用いたりするケースがあります。自営業とネットワークビジネスが**相乗効果**を発揮しているのです。

「**会社員**」でネットワークビジネスを行う人も22・4％を占めました。おそらく勤務する会社が副業を認めており、サイドワークとして取り組んでいるのだと思われます。

副業と専業こんなに違う！

特集

❹ 副業の販売員の報酬（特定利益）は「5万円未満」が41・3%

では、副業でネットワークビジネスを行う販売員は、いくらくらいの**報酬（特定利益）**を得ているのでしょうか。毎月の報酬額について、専業と副業でどれほどの違いがあるかを調べたのが**グラフ4**です。

まず、副業の販売員では「5万円未満」の回答が41・3%と多くを占めています。次に多い「5万～10万円未満」（15・7%）と合算すると、副業でビジネスを行う人の半数以上（計57・0%）は、毎月10万円未満の報酬を獲得していることになります。

また、グラフ4－2（副業）においては、高額な報酬にあたる「40万～70万円未満」という回答は2・0%、「70万円以上」は2・7%でした。どちらも少ないポイントです。

反対に、グラフ4－1（専業）では、「40万～70万円未満」という回答が10・4%、「70万円以上」が13・4%と2ケタ以上を占めます。専業の販売員の方が高い報酬を得ていることが分かります。

❺ 副業者が得たい報酬は専業より少ない

グラフ4の結果を踏まえ、続いては専業と副業の販売員が1カ月でどのくらいの報酬を獲得したいと考えているかを調査しました。結果は**グラフ5**の通りです。

●**グラフ4-1** 専業の販売員の毎月の報酬額

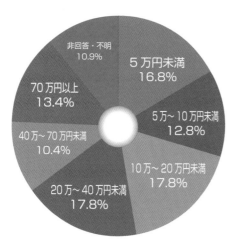

●**グラフ4-2** 副業の販売員の毎月の報酬額

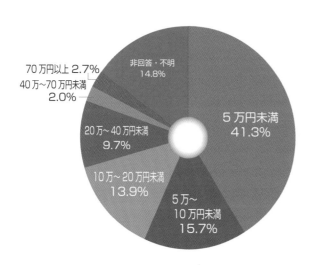

●**グラフ5-1** 専業の販売員が1カ月で獲得したい報酬額

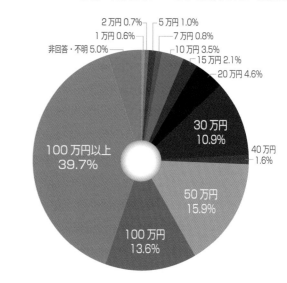

●**グラフ5-2** 副業の販売員が1カ月で獲得したい報酬額

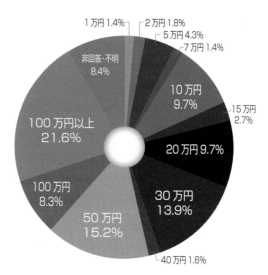

グラフ5－1（専業）とグラフ5－2（副業）を比較すると、全体的に専業の販売員の方が希望する報酬額が高いことが分かります。とくに「５０万円」「１００万円」「１００万円以上」という上位の３項目で、専業の販売員の方が副業よりも高い回答率となりました。

次に２つのグラフについて、獲得したい報酬額「**１０万円以内**」（「１万円」「２万円」「５万円」「７万円」「１０万円」の５項目の合計）に着目してみます。グラフ5－1（専業）では、「１０万円以内」の回答は合計６・６％でした。一方、グラフ5－2（副業）では合計１８・６％を占めます。

さらに、獲得したい報酬額「**３０万円以内**」（「１５万円」「２０万円」「３０万円」の回答も加算）についても比較してみましょう。グラフ5－1（専業）では、「３０万円以内」の回答は合計２４・２％でした。一方のグラフ5－2（副業）では、「３０万円以内」の回答は合計４４・９％に上ります。

総じて、副業の販売員の方が、ネットワークビジネスで獲得できる**報酬は少ない額で満足**と考えているようです。ネットワークビジネスとは別に、本業を通じての収入があるからだと思われます。

❻ 月平均の製品購入金額　副業者の約６割が月３万円以内

専業と副業の販売員それぞれの「月平均の製品購入金額」を調べました。その結果が**グラフ６**です。

まず、２つのグラフのうちで、どの回答項目のポイントがもっとも高かったかに着目します。グラ

フ６の専業の方では、月平均で「５万円」を製品購入にあてるという回答が、最多の２７・４％でした。次に、「１０万円以上」が２５・６％と続きました。

一方、グラフ６の副業の方の中でもっとも多かったのは、月平均で「３万円」を製品購入にあてるという回答で、１７・９％を占めました。次に多かったのは、「５万円」（１７・２％）でした。

さらに、専業と副業との結果を比較すると、月平均の製品購入金額「１万円」という回答項目において両者の違いが目立ちます。専業では、「１万円」という回答は５・２％であるのに対して、副業では１２・１％と多くを占めます。つまり、副業の販売員の方が、少額の製品購入金額を回答する人が多いといえます。

この点をより明らかにするため、製品購入金額「**１万５０００円以内**」（「３０００円」から「１万５０００円」までの７項目の合計）と、「**３万円以内**」（「２万円」「３万円」も追加した９項目の合計）について見ていきましょう。

専業の販売員では、月平均の製品購入金額が「１万５０００円以内」という人は合計１３・７％でした。一方、副業の販売員では合計２９・６％を占めます。

「３万円以内」については、専業の販売員は合計３７・９％でしたが、副業の販売員は合計５９・１％と多数を占めました。

これらの結果から、やはり副業の販売員の方が、**毎月の製品購入金額を低額**に抑えているといえそうです。

● **グラフ6**　専業と副業の販売員それぞれの月平均の製品購入金額

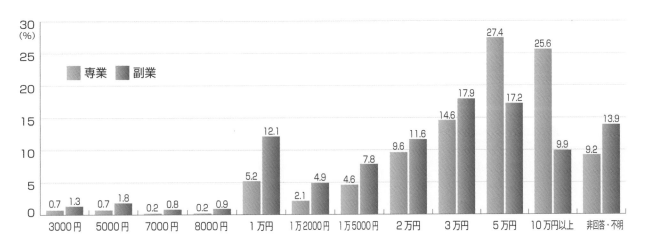

❼ 毎月のビジネス活動経費
　　副業者の6割強が月3万円以内

　グラフ4では、専業と副業の販売員の毎月の報酬金額について紹介しました。では、ビジネス活動に費やす経費については、両者で違いがあるのでしょうか。**1カ月平均の経費**を調査したのが**グラフ7**です。

　グラフ7－1（専業）と7－2（副業）とを比較すると、副業の販売員の方が全体的に活動経費を低めに抑えていることが分かります。グラフ4（毎月の報酬金額）において、副業の販売員の方が専業よりも報酬が少なめであることを考えると、順当な結果といえるでしょう。

　とくに、経費3万円以内（「0円」「1～1万円」「1万1～3万円」の合計）の結果を整理すると、グラフ7－1（専業）では合計29・8％でした。それに対して、グラフ7－2（副業）では合計63・8％と多数を占めており、両者の違いは鮮明でした。

　副業でネットワークビジネスを行っている方や、これから副業としてチャレンジしたいと思っている方は、グラフ7の内容を参考にして、毎月の活動経費を検討してはいかがでしょうか。

●**グラフ7-1**　専業の販売員の1カ月平均の活動経費

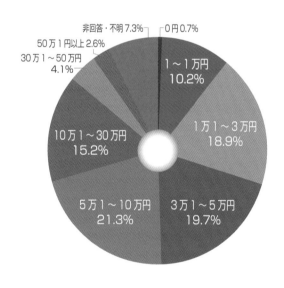

●**グラフ7-2**　副業の販売員の1カ月平均の活動経費

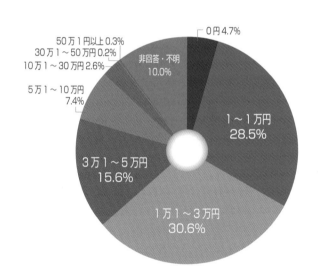

❽ 1日の平均ビジネス活動時間
副業者は「1時間未満」が3割強で最多

　ここまで、副業の販売員の毎月の報酬額などを紹介してきました。では、これらの成果を上げるために、販売員は1日あたりどのくらいの時間をネットワークビジネスに費やしているのでしょうか。この点を調査した結果が**グラフ8**です。

　2つのグラフの顕著な違いとして、専業の販売員の方が、ビジネス活動の時間が圧倒的に長いことが挙げられます。例えば「6時間以上〜12時間未満」という回答を見ると、グラフ8−2（副業）では2・5％とごく少数なのに対し、グラフ8−1（専業）では22・0％と多くを占めます。

　反対に、グラフ8−2（副業）では「1時間未満」（33・7％）と「1時間以上〜3時間未満」（29・9％）が多くを占め、2つの合計は63・6％となります。本業以外の**空いた時間を活用**して、無理なくネットワークビジネスを行っているのだと想定されます。

　また、グラフ8−2（副業）では「活動をしていない」という回答も14・1％ありました。「活動をしていない」とはいっても、当協会のダイレクトセリング教育を受講している訳ですから、ネットワークビジネスをまったく行っていないという訳ではなさそうです。おそらく「毎日〇時間」というように決まったペースでは活動しておらず、余暇の時間や関心のある相手がいた場合に、**断続的に活動**しているのだと思われます。

●**グラフ8-1**　専業の販売員の1日あたりの平均の
　ビジネス活動時間

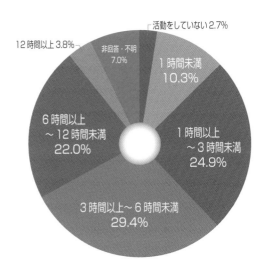

●**グラフ8-2**　副業の販売員の1日あたりの平均の
　ビジネス活動時間

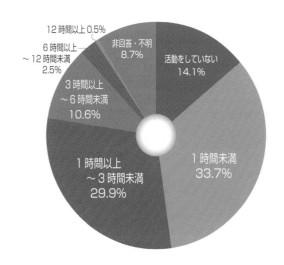

副業と専業こんなに違う！

特集

❾ セミナーや勉強会への参加頻度
副業者の過半数が「毎月１～２回」

グラフ８では、専業と副業の販売員がそれぞれ１日に平均でどのくらいネットワークビジネスに時間を費やしているかを紹介しました。その上で、販売員が具体的にどのようなビジネス活動を行っているかを調べました。まずは、**セミナーや勉強会への参加頻度**について紹介します（**グラフ９**）。

● **グラフ9-1** 専業の販売員のセミナー・勉強会への参加頻度

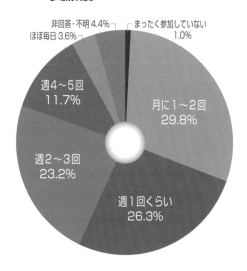

非回答・不明 4.4%
ほぼ毎日 3.6%
まったく参加していない 1.0%
週4～5回 11.7%
月に1～2回 29.8%
週2～3回 23.2%
週1回くらい 26.3%

● **グラフ9-2** 副業の販売員のセミナー・勉強会への参加頻度

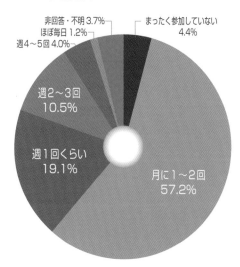

非回答・不明 3.7%
ほぼ毎日 1.2%
週4～5回 4.0%
まったく参加していない 4.4%
週2～3回 10.5%
月に1～2回 57.2%
週1回くらい 19.1%

グラフ８において、専業の販売員の方がビジネス活動時間が長かったのと同じく、専業の販売員はセミナーや勉強会への参加頻度も多いようです。専業の販売員のうち、１割強（１１・７％）は、週に４～５回セミナーや勉強会に参加していました。

一方で、グラフ９－２（副業）でもっとも多かった回答は「**月に１～２回**」で、５７・２％と過半数を占めました。「週に１回くらい」以上の項目についても、グラフ９－１（専業）よりは回答率が低いですが、逆にいえば、週に１～２回や毎月１～２回の参加でも副業でビジネスをすることは可能だといえます。

ネットワークビジネスに割ける時間が限られているという副業の販売員の方は、まずは本業との兼ね合いを大切にして、無理のないペースで活動すると良いでしょう。

❿ リクルート活動で行っていること
副業者はホームパーティよりＡＢＣが多い

ビジネス活動の内容として、続いては勧誘（リクルート）活動で行っていることについても調査しました。その結果が**グラフ10**です。

グラフ１０－１（専業）と１０－２（副業）のどちらも、「**セミナー**」という回答が最多でした。ネットワークビジネスにおいて、やはりセミナーはビジネス提案に有効な手法であるといえます。

その一方で、「ＡＢＣ」という回答にも着目してみましょう。グラフ１０－１（専業）では、「ＡＢＣ」（３１・０％）は「ホームパーティ」（３５・８％）よりも回答率が低いです。反対にグラフ１０－２（副業）においては、「ＡＢＣ」（２１・２％）は「ホームパーティ」（１６・２％）よりも回答率が５・０ポイント高い結果でした。

本白書の第４章第２節（とくに４５ページ）では、「ＡＢＣは少人数で実施できるメリットがある」と紹介しました。副業で取り組む人においても、ビジネスに精通したＡ役（アドバイザー役の販売員）のサポートを受けて行う「ＡＢＣ」は、実施しやすい手法なのかも知れません。

●**グラフ10-1** 専業の販売員が
　　　　　　　リクルート活動で行っていること（複数回答）

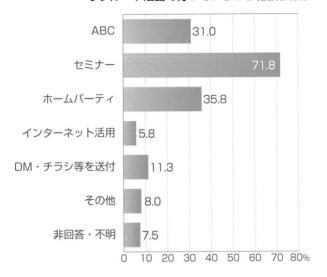

ABC	31.0
セミナー	71.8
ホームパーティ	35.8
インターネット活用	5.8
DM・チラシ等を送付	11.3
その他	8.0
非回答・不明	7.5

●**グラフ10-2** 副業の販売員が
　　　　　　　リクルート活動で行っていること（複数回答）

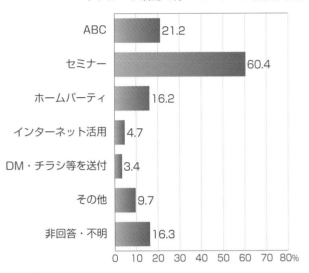

ABC	21.2
セミナー	60.4
ホームパーティ	16.2
インターネット活用	4.7
DM・チラシ等を送付	3.4
その他	9.7
非回答・不明	16.3

⑪ 副業者の半数弱（46・9％）が 7人以上を直接紹介している

　ここからは、より具体的なビジネス活動の実績に踏み込んでいきます。まずは、専業と副業の販売員がそれぞれ何人を**直接紹介**（特定商取引法における「勧誘」、詳細は28ページ）したかを調査しました。その結果が**グラフ11**です。

　2つのグラフを比較して顕著に異なるのが、「7人以上」という回答です。グラフ11-1（専業）では、7人以上を直接紹介したという回答は72・2％。グラフ11-2（副業）では46・9％ですから、その差は25・3ポイントになります。

　とはいえ、副業においても半数弱（46・9％）の販売員が7人以上を直接紹介しています。専業よりは短い活動時間ではあっても、副業の販売員も7人以上という多くの紹介実績を挙げることが可能なのです。

●**グラフ11-1** 専業の販売員の直接紹介人数

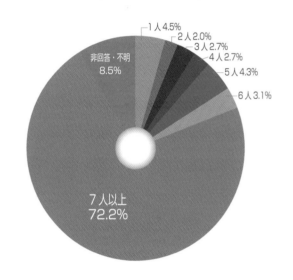

1人 4.5%
2人 2.0%
3人 2.7%
4人 2.7%
5人 4.3%
6人 3.1%
非回答・不明 8.5%
7人以上 72.2%

●**グラフ11-2** 副業の販売員の直接紹介人数

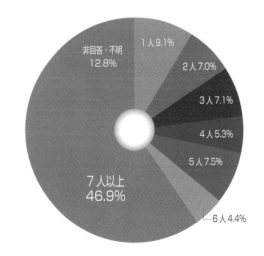

1人 9.1%
2人 7.0%
3人 7.1%
4人 5.3%
5人 7.5%
6人 4.4%
非回答・不明 12.8%
7人以上 46.9%

副業と専業こんなに違う！

特集

⑫ ビジネス開始から３カ月間の実績 専業の販売員の方が新規獲得が多い

続いては期間を限定し、「ビジネス開始から３カ月間で獲得した新規人数」について調査しました。その結果が**グラフ12**です。

グラフ12の最大の特徴は、回答項目「０人」から「８人」までは「副業」の方が高いポイントであ

ること、そして「９人」から「101人以上」までの項目では、「専業」の方がポイントが高いことでしょう。つまり、専業の販売員の方が３カ月間でより多くの新規会員を獲得していることが見て取れます。この違いの要因について断定はできませんが、専業の販売員の方がビジネス活動の時間が長いことがやはり影響しているのかも知れません。

● **グラフ12** ビジネス開始から３カ月間の新規獲得人数（※「非回答・不明」〔「専業」では21・3％、「副業」では19・6％〕は集計に計上しているがグラフには非表示）

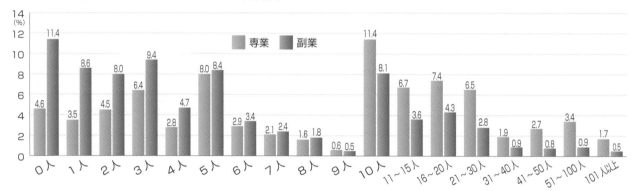

⑬ 副業の販売員の半数弱が ５０人以下のグループを構築

本特集の最後に、専業と副業の販売員それぞれの**グループ**（会員組織）の人数について比較しました。結果は**グラフ13**です。

グラフ13−２（副業）の方が、グループ人数「１〜10人」（24・1％）や「11〜50人」（23・6％）の回答において、グラフ13−１（専業）よりも高いポイントでした。これら２つの項目を合

算すると合計47・7％。副業の販売員の半数弱は50人以下のグループを構築していることになります。

一方で、「51〜100人」以上の回答項目においては、いずれも専業の販売員の方が高いポイントでした。とくに「301人〜500人」から「5001〜1万人」までの５つの回答項目を合算すると、専業では合計18・7％でした。一方、グラフ13−２（副業）では同4・7％に留まりました。

● **グラフ13-1** 専業の販売員のグループ人数

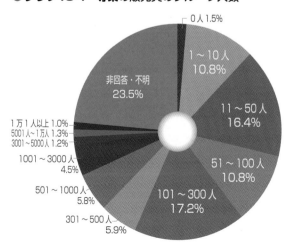

● **グラフ13-2** 副業の販売員のグループ人数

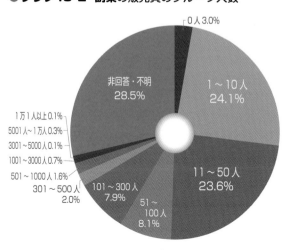

全国直販流通協会（直販協）
活動のご紹介

ちょくはんきょう

直販協　活動のご紹介

一般社団法人 全国直販流通協会では、ダイレクトセリング企業のコンプライアンス支援や業界のさらなる認知向上に向けて、さまざまな活動を行っています。ここでは、その取り組みの一部をご紹介します。

全国直販流通協会とは？

1981年2月に設立した事業者団体です。主に連鎖販売取引や訪問販売、宣伝講習販売、電話勧誘販売、特定継続的役務提供、訪問購入など、特定商取引法に関連する事業者が加盟しています。2021年7月現在、正会員は155社、賛助会員は24社となっています。

<所在地> 〒103-0025　東京都中央区日本橋茅場町 1-6-17 トラッドビル 3 階
TEL：03-3661-5921　FAX：03-3661-5880

ダイレクトセリング教育　販売員への法律レクチャー

会員企業に所属する販売員や営業社員、スタッフなどを対象に、会社ごとに法律のレクチャーを実施しています。解説する法律は、主に特定商取引法や薬機法（医薬品医療機器等法）です。

当日はレクチャーだけでなく、講義内容に関する試験も実施し、合格者には「ダイレクトセリング教育修了証」（名刺サイズ、プラスチック製）を発行。法律知識の習得に加えて、ビジネス活動に自信を持っていただけるようなカリキュラムを用意しています。

2020年からはオンラインでの教育活動も開始しました。

<受講者の声（受講者の感想文より）>

ネットワークビジネスに携わる上で、ねずみ講との違いをしっかり自信をもって相手に伝えられる知識がやっぱり大切だと再確認しました。法に守られるためには法を知っていくことが重要だと、とても勉強になりました。

消費者相談窓口の運営

当協会内に、有資格の専門相談員による独自の消費者相談窓口を設けています。会員企業が取り扱う商品・サービスを利用する方や、勧誘を受けた消費者からの相談を受け付けています。毎月300件前後の相談を受け付けており、会員企業とともに早期解決に向けて取り組んでいます。

<相談受付時間>　月〜金曜日　10時〜12時／13時〜21時
　　　　　　　　　土・日曜日　10時〜12時／13時〜16時

近時の受付状況としては、２０２０年度（20年4月～21年3月）には、全３０９５件の相談を受け付けました。内訳などは次の通りです。

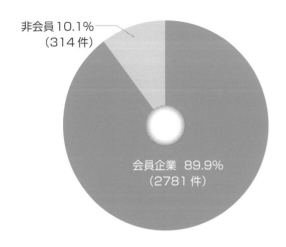

非会員10.1%
（314件）

会員企業　89.9%
（2781件）

当協会の会員企業のうち、消費者相談窓口の利用企業数は８２社です。

２０２０年度の全相談件数３０９５件のうち、連鎖販売取引（ネットワークビジネス）に関する相談は、１１５５件（全体の３７・３％）でした。

当協会の消費者相談窓口の連絡先を掲載したチラシについては、約５０万枚を消費者・契約者に配布しました。

賢い消費者育成プロジェクト　全国の消費生活センターなどに無償で講師を派遣

全国の消費生活センターや自治体と共同で、消費者市民講座を開催するプロジェクトです。２０１４年11月の開始以来、累計７９回開催、延べ２８８６人を超える消費者の皆さんに受講いただきました（２０２１年7月現在）。

講座のテーマは、連鎖販売取引や訪問販売などのダイレクトセリングに限りません。主催者の要望に応じて、さまざまな講座内容をご用意できます。近年とくに人気のテーマは、「お墓と終活」「薬とジェネリックについて」「サプリメントの上手なとり方」「知っておきたい衣食住の知識」などです。講師派遣に要する費用は、当協会で負担します（過去に開催した講座については、当協会ホームページよりご覧いただけます）。

本プロジェクトは、消費者教育事業の理念にご賛同いただいた会員企業の協賛によって運営しています。

「見守り員」活動をスタート　高齢者や児童を見守る社会貢献

２０２０年8月に開始した新たな取り組みが「連携見守り員」制度です。これは、連鎖販売取引の販売員や訪問販売の営業担当が、販売や勧誘活動と並行して、地域貢献をしていこうとするものです。

例えば、訪問販売の営業中に戸別訪問をする中で、出会った高齢者の方に声かけをすることができます。また、連鎖販売取引の活動の際、電車で赤ちゃんを抱きかかえるお母さんに席を譲ることもできます。販売員同士が地域の情報を交換し合うことで、ダイレクトセリングの活動の一環として「見守り」活動ができるのです。

当協会では、本プロジェクトに登録いただいた企業の販売員や営業担当者の方を対象に、「連携見守り員 登録証」を発行しています。

◀連携見守り員
登録証